# FELIPE ROCHA
## @tipobilhete

## TODAS AS DORES DE QUE ME LIBERTEI.
## E SOBREVIVI.

astral cultural

ESCRITO E ILUSTRADO
POR FELIPE ROCHA

Copyright © 2021, Felipe Rocha
Todos os direitos reservados à Astral Cultural e protegidos pela Lei 9.610, de 19.2.1998.
É proibida a reprodução total ou parcial sem a expressa anuência da editora.
Este livro foi revisado segundo o Novo Acordo Ortográfico da Língua Portuguesa.

**Produção editorial** Aline Santos, Bárbara Gatti, Jaqueline Lopes, Mariana Rodrigueiro, Natália Ortega e Renan Oliveira
**Revisão** Letícia Nakamura
**Capa** Marina Avila
**Ilustração capa** moopsi/Shutterstock  **Miolo** Felipe Rocha
**Foto do autor** Letícia Cintra

Dados Internacionais de Catalogação na Publicação (CIP)
Angélica Ilacqua CRB-8/7057

Rocha, Felipe
  Todas as dores de que me libertei : e sobrevivi / Felipe Rocha. — Bauru, SP : Astral Cultural, 2021.
  208 p. : il.

ISBN: 978-65-5566-126-2

1. Literatura brasileira 2. Amor 3. Reflexões 4. Poesia I. Título II. Rocha, Felipe

21-1736                                                    CDD B869

Índices para catálogo sistemáticos:
1. Literatura brasileira

 Astral Cultural Editora Ltda

BAURU
Avenida Duque de Caxias,
11-70 - 8º andar
Vila Altinópolis
CEP 17012-151
Telefone: (14) 3879-3877

SÃO PAULO
Rua Major Quedinho, 111
Cj. 1910, 19º andar
Centro Histórico
CEP 01050-904
Telefone: (11) 3048-2900

E-mail: contato@astralcultural.com.br

Dedico este livro a você,
que passou a vida inteira
acumulando uma infinidade
de sentimentos dentro desse
seu coração cansado. Eu sei que
o seu maior desejo é fluir, mas
os maus sentimentos o sufocam
e sequer deixam você sorrir.
Mas hoje será diferente.

Segure bem firme estas
páginas e prepare-se para voar.
A previsão dos bons tempos
alerta que é o momento perfeito
para você se libertar. E, se o
mundo todo é uma gaiola de
toxicidade, entrego a você este
livro como a chave para
a sua liberdade.

## PARA ACOMPANHAR SUA LEITURA

Este livro tem uma playlist especial, que vai fazer com que você mergulhe ainda mais nos textos. É só abrir o QR Code acima ou o link bityli.com/tCwtR e deixar fluir enquanto você absorve todos seus sentimentos.

# PREFÁCIO
## POR TSOAH
## @TSOAH

---

Quando compreendemos que vital mesmo é a nossa capacidade de fazer novas escolhas e colocá-las em prática, começamos a deixar para trás aquilo que não nos leva para a frente. Começamos então a respirar apenas ar puro, nos distanciando de qualquer lugar abafado que não nos cabe, ou esteja intoxicado com tanta disfuncionalidade. Vamos aprendendo a tirar do pedestal aquilo que nos afunda e apaga, porque estamos aprendendo a nos conectar apenas com aquilo que nos eleva e acende.

A compreensão das nossas demandas emocionais e o desenvolvimento da nossa maturidade emocional não acontecem de repente. É como a história de um livro: cada página, uma revelação, um aprendizado. É como uma trilha a ser percorrida: a cada passo, ficamos mais próximos de onde queremos chegar. Por isso, *Todas as dores de que me libertei. E sobrevivi.* vai ressoar tanto em você que escolheu ser feliz. Esta obra é como um mapa carinhoso porque nos acolhe e direciona. Este livro também é um convite para uma relação mais fiel e harmônica entre nós e nossas emoções.

Eu sempre falo que: a felicidade não está fora, está dentro. E, durante a leitura deste livro, isso fica ainda mais claro. É muito maravilhoso quando percebemos que estamos indo bem, e que podemos aprender ainda mais com tanta leveza, sensibilidade e gentileza encontradas nas palavras deste livro.

*Tsoah, especialista em comportamento humano, relacionamentos e desenvolvimento pessoal.*

SE UM DIA TE FECHARAM AS PORTAS,
PREPARE-SE PARA CONHECER
UM NOVO UNIVERSO CHAMADO
LIBERDADE.

PARTE UM
# GATILHOS

## DESARME OS SEUS GATILHOS

Tão fácil quanto encontrar uma padaria na próxima esquina é encontrar pelas ruas milhares de pessoas sem sonhos e brilho na retina. É nítido que viver na companhia de um gatilho só nos faz andar sem rumo para longe dos problemas, como se fôssemos um andarilho.

Eu me sentia de mãos atadas todas as vezes que a minha mente fazia questão de cutucar as feridas do meu passado. Perdia o controle e me estressava; o desespero era tão grande que muitas vezes eu não aguentava. Caía em lágrimas e mergulhava na sensação de um eterno vazio. E o gatilho era tão forte que me causava um incontrolável arrepio.

Todas as noites, o medo e o sentimento de culpa me amarravam na cama com os olhos abertos, me forçando a pensar em lembranças desconfortáveis de situações incontroláveis. Foi quando fechei os olhos, respirei fundo e decidi me acalmar. Por mais que eu tivesse a certeza de que não era capaz de controlar ambientes externos, sabia muito bem que em meu ambiente interno só entraria o que eu permitisse. E não dou mais permissão para que tirem minha paz e baguncem meu coração.

Fui me enchendo de coragem e olhei para dentro de mim. Vi uma pessoa com inúmeras chances de ainda ser feliz, pois sabia que nenhum gatilho decretaria o meu fim. Respirei fundo e criei dezenas de planos mentais: vou me livrar desses gatilhos, que nada mais são do que simples amarras artificiais.

Desarmei os gatilhos que tanto me sufocavam e tiravam o meu ar. Decidi reaprender a me amar. Não quero me cobrar, muito menos me sabotar. Quero viver infinitas experiências sem nenhum medo para me controlar.

O QUE SEMPRE
ME DESTRUIU
NUNCA FOI TER O
CORAÇÃO QUEBRADO,
MAS, SIM, RECEBER
A GRANDE PROMESSA
DE QUE CUIDARIAM DELE
PARA SEMPRE.

## NÃO SE CONTAMINE

Não posso perder tempo, tampouco deixar você duvidar do meu argumento. Mas vamos lá. É preciso que você pare de se deixar contaminar. Abandonar esse seu sentimento de vingança é a melhor opção para viver em segurança.

Você precisa abrir os olhos e observar as coisas ao seu redor — nem todas as pessoas são boas. Isso não significa que você tem de ser mau, mas que precisa urgentemente se blindar o suficiente para não se deixar contaminar e, com isso, destruir o seu astral.

A liberdade chega quando olhamos para o nosso interior e resolvemos desatar os nós que deixaram dentro de nós. Liberdade nada mais é do que não ter amarras nas mãos, vendas nos olhos ou, para ser mais explícito, não ter ao seu lado quem só quer puxar você para trás.

Eu sei que você guarda alguns rancores do passado no fundo do seu coração, mas já chega, né? Chegou a hora de colher esses sentimentos podres e jogá-los no lixo do esquecimento. Se você esperava tanto pelo momento perfeito, ele chegou! E, quando você tiver feito todo esse detox de quem nunca o amou, vai perceber que todo o seu mundo se transformou. Para melhor.

Vá para longe de toda a toxicidade disfarçada de bondade e não se deixe afetar por más energias. Você merece viver em paz e com o foco alinhado aos seus sonhos, sem dar brecha para o surgimento de dias tristonhos.

NÃO CONSEGUE ENXERGAR
O QUE HÁ DE ERRADO?
TENTE AGUÇAR SEUS
OUTROS SENTIDOS.
LOGO O CHEIRO DO DESAFETO
FICARÁ INSUPORTÁVEL.

## *REMEMBER*

Despedidas são sempre marcantes e dolorosas, mas topar um reencontro com um desamor é coisa de gente que não sabe qual rumo dar para a própria vida amorosa. Quase oito bilhões de pessoas no mundo e resolvemos nos decepcionar — mais uma vez — com a mesma?

E, por não saber o meu rumo, topei, já que toda a minha vida estava tão fora do prumo. E se alguma coisa der errado, eu assumo. Mas, diferentemente do tempo em que estávamos juntos, tudo foi tão diferente... A sua boa vontade forçada fez os meus olhos brilharem. Com vontade de chorar. De desespero.

O seu problema sempre foi forçar os nossos laços e arrebentá-los antes mesmo de conseguirmos aproveitar um pouco mais a nossa conexão. Se para você eu sou um troféu, você pra mim virou apenas uma má lembrança em minha prateleira de decepções cruéis.

A nossa música já não me causa mais a mesma alegria. E hoje o seu cheiro me traz alergia. Situações que me faziam sorrir, hoje me causam sono. Quem diria.

Querer ver você novamente foi mais um erro em minha vida. Parece que às vezes eu tento bagunçar o meu coração de propósito, sabe? E quanto mais eu vago sem propósito, mais cresce a minha vontade de quebrar a cara outra vez só para, talvez, ter a adrenalina de me reconstruir cada vez com mais rapidez.

Não sei até quando vou continuar com isso, mas, a cada vez que marcamos de ter um *remember*, é um impulso extra para que eu rasgue de vez esse papel de trouxa em que está escrito: pare de esperar tanto de alguém que nunca quis um compromisso.

EU NÃO SABIA O QUE
FAZER COM VOCÊ
ATÉ APRENDER QUE
ERA MAIS SAUDÁVEL
APRENDER O QUE
FAZER LONGE
DE VOCÊ.

## ANSIEDADE

Era uma noite chuvosa de mais um domingo preguiçoso. A subida dos créditos no final do *Fantástico* me recordava de que a segunda-feira estava chegando. Eu já começava as preces para não encontrar você. E, quanto mais o tempo ia passando, mais via a minha felicidade murchando.

Desliguei a TV e liguei o meu antigo rádio. Nele tocava uma música que dizia "eu só quero saber em qual rua minha vida vai encostar na tua", mas eu estava em outra sintonia e não queria encostar em você para depois sofrer vivendo em agonia.

Traçava em minha mente novos caminhos para fugir do clichê, tudo isso para não me encontrar com você. E o meu coração me dizia que isso seria uma missão impossível, mas, do outro lado, meu cérebro me alertava de que mudar a minha rotina por você seria inadmissível.

De segunda a sexta me escondi. Cortava caminho entre inúmeros becos e andava pelas sombras para que meu brilho não despertasse a atenção de ninguém. Eu me fiz em mil pedaços para você não me notar. E, quanto mais me quebrava, mais minha luz se apagava. Essa ansiedade estava destruindo tudo o que levei anos para construir. A minha paz estava abalada. Por sorte, percebi a tempo e consegui seguir a minha caminhada.

Eu sentia a ansiedade pulsando pelo meu corpo em duas situações. A primeira era a vontade de explorar o mundo e escrever uma nova história bonita. E a segunda era a vontade de nunca mais ver você, nem que para isso eu construísse um foguete e fosse morar em algum sistema em que você não orbita.

Decidi cair na real e parar de uma vez por todas de sofrer antecipadamente por quem sujou uma página da minha vida com uma história tão esquecível e deprimente.

TODA PESSOA É
A PESSOA CERTA.
A DIFERENÇA É QUE
ALGUMAS CHEGAM
PARA TE AMAR,
OUTRAS PARA TE
ENSINAR A SE AMAR.

## INTENSIDADE

Viver se equilibrando em cima de uma linha tênue entre a sinceridade e a intensidade traz as mesmas consequências de viver eternamente em um estado de calamidade. Eu não consigo. A intensidade mora dentro do meu peito e sempre prefiro bater de frente com o perigo.

Oito ou oitenta. Quente ou frio. Nunca gostei de nada morno, menos ainda de amores que só me trouxeram transtorno. Gosto de pessoas intensas, daquelas que dizem "adorei você" no primeiro encontro e me chamam de "meu bem" logo na semana dois. Não é pressa, é carinho que não é deixado para depois. E talvez uma pitada de sorte, já que, para cada pessoa intensa no mundo, existem outras mil que preferem viver um amor moribundo.

Eu me apaixono diariamente pela oportunidade que é estar vivo. Você já parou para pensar em quantas pessoas gostariam de estar em seu lugar? Aliás, talvez a pergunta não seja essa, mas sim "em quantas pessoas gostariam de viver a sua vida?". Caramba, me expressei mal de novo... Vamos mais uma vez: você já parou para observar e agradecer o privilégio que é estar vivo? Já imaginou a imensidão de pessoas que gostariam de ter as mesmas condições de saúde que você? Ou mesmo nas pessoas que tiveram suas vidas encerradas tão de maneira tão precoce?

Pois bem, assim ficou claro, não é mesmo? Então, por que você quer passar a sua vida sendo tão meio-termo, sendo que pode andar por aí com carga máxima, desfrutando de tantas oportunidades que foram tiradas de outro alguém?

Quero que todas as pessoas sintam o prazer que é transbordar um sentimento ou uma atitude e, em vez de viver pontuando a vida com problemas banais, que passe a viver sempre em constante ponto de ebulição. O mundo já está cheio de gente com vontade de menos fazendo coisas simples demais. Espero, do fundo do meu coração intenso, que possamos ser apenas intensamente surreais.

TENHO UM
BOM CORAÇÃO.
E ISSO SERÁ SEMPRE
O MELHOR E O
PIOR DE MIM.

## PARADO NO TEMPO

Talvez o nosso maior erro seja viver com a cabeça distante, pensando tão longe do agora. Fazemos tantas tarefas com o pensamento vidrado no futuro, que o ponto de virada do presente sempre parece que demora.

Mesmo que essa atitude seja como uma medida preventiva para uma realidade futura e inventiva, o foco deve ser sempre o presente. E não adianta darmos a justificativa de que nos agarramos ao passado para analisar os erros e evitar que se repitam. Essa desculpinha é típica de quem mente conscientemente.

Não tento mudar o passado, pois sei que, se de alguma forma conseguisse fazer isso, o hoje não existiria. E toda a experiência adquirida ao longo do tempo, junto a cada lágrima derramada, cada pranto engolido a seco ou cada dor acometida, tudo o que já aconteceu no passado nos fez ser quem somos hoje. E isso importa. Importa muito.

Tudo o que passou tem um "e se". E, mesmo que devesse ficar nas entrelinhas, queremos sempre trazê-lo para brilhar no presente, ofuscando todo o lado bom do agora. O que passou, passou. Em vez de se lamentar pelo passado, faça o presente ser diferente. O que está por vir só acontecerá se mudarmos o agora. Agora! Chega de cortar os impulsos certeiros por medo de errar, só pelo medo de viver num eterno apaga e escreve.

Anulamos o presente e, com ele, anulamos as oportunidades que batem à nossa porta. Todo santo dia. O que queremos nem sempre quer dizer que o teremos. E o que queremos hoje pode não ser objeto de nosso desejo amanhã.

E nessa linha, até o amor eterno é questionado. Já parou para pensar que quem nós amamos hoje pode nem estar em nossas vidas na manhã seguinte? Loucura, né? Toda essa história de viver é uma loucura muito confusa. E é confuso não saber o dia de amanhã. Muitas vezes me sinto parado no tempo. Mas já pensou como seria tudo tão sem graça se vivêssemos sabendo o que iria acontecer no dia seguinte?

Tudo o que vem fácil demais perde o valor rápido demais também. E logo estamos impacientes com alguma outra preocupação. Talvez o segredo esteja em não se contentar com o fácil e, em vez de focarmos nos próximos 24 anos, prestarmos um pouco de atenção nas próximas 24 horas. E fazer delas algo extraordinário. Faça isso, pense em você e contemple o quão incrível é viver o agora. Tenho certeza de que você será muito mais feliz do que outrora.

Jamais se contente com metades. Nenhum copo transborda com metade de água nele. É só acreditar. Pois, no final, tudo dá certo. E, se não deu certo, é porque o final ainda não chegou.

SÓ QUEM JÁ PERDEU TEMPO
POR UMA INDECISÃO
SABE A IMPORTÂNCIA
DE ENGOLIR O CHORO
E TOMAR UMA DECISÃO.

## TRISTEZA

Às vezes, a tristeza chega como um sentimento gratuito e, mesmo sem convite, acaba sentando na janela da nossa alma, atrapalhando a chegada da luz que ilumina e traz aquela forte energia de viver e agradecer por tantas maravilhas.

É tão estranho dormir sorrindo e acordar calado.

Nos sentimos pra baixo e não enxergamos motivos para sair do poço profundo. Esse sentimento, sem dúvidas, é um dos piores do mundo. Você se sente imundo. E é só isso. Sem forças, continua vagando desacreditado dentro do poço profundo.

A escuridão faz você acreditar que a luz é desnecessária e que você nunca foi capaz de iluminar a vida de alguém. A frase "você é luz e ninguém pode lhe fazer sombra" já não faz mais tanto sentido. Tudo parecia ser mais agradável ali, flertando com o sofrimento escuro do desconhecido.

De ombros caídos e olhos voltados para o chão, olhar pesado, carregando um rio de lágrimas, você pisou em uma poça que refletiu seu rosto... E não era nem um pouco saudável carregar uma dor que já não lhe pertencia. A liberdade surgiu no exato momento que você percebeu que não vale a pena passar a vida inteira carregando o peso morto da pequena fração de apenas um dia cinzento.

Tudo passa, pode acreditar! O que hoje tira seu sono, amanhã lhe fará sorrir. E sorrir é pouco, quero ver você gargalhando até lágrimas de felicidade escorrerem pelo seu rosto, lavando toda fagulha de tristeza que ficou para trás. Chorando de alegria e percebendo que o seu eu sabotador estava errado.

Finalmente, você deixou a luz entrar. E reinar. E assim você seguiu, de olhos brilhantes e com o coração aliviado por saber que o controle está em suas próprias mãos e que todo o sentimento de tristeza permanecerá calado.

A SUA RELAÇÃO CONSIGO MESMO AFETA TODAS AS SUAS OUTRAS RELAÇÕES. CUIDE-SE!

## INVEJA

Muitas coisas nós queremos, mas não podemos. E morremos de inveja. Não falo só de coisas materiais, mas também daquela atenção básica de que sentimos falta, sabe? O que é que os outros têm que a gente não tem? Será que somos tão desinteressantes assim?

O sucesso muitas vezes bate à porta da vizinhança inteira. Menos à nossa. E a gente se corrói. Viramos os olhos, batemos o pé e fazemos birra. Caraca, como incomoda.

Sei que somos bons demais para não sermos reconhecidos. Aliás, todo mundo tem um lado bom. E cada um tem o seu tempo. Não adianta, a vida é assim. Vamos nos conformar. Continuar trabalhando com firmeza em cada pedacinho dos nossos sonhos é o que fará o sucesso chegar. E quando chegar... Ahhhh, meus amigos... Será um grande espetáculo!

Se a grama do vizinho parece sempre mais verde do que a minha, quero entender o que fiz de errado e fazer chover boas práticas e atitudes para que a minha grama melhore. Ênfase no "melhore". Não quero que a grama do meu vizinho apodreça. Muito menos que a minha seja melhor do que a dele. Quero apenas ver o meu jardim com os bons olhos de satisfação de quem está trabalhando duro e finalmente colhendo os frutos.

Não sei vocês, mas antigamente eu costumava dizer que tinha "inveja boa" quando desejava algo da vida alheia. Decidi cortar essa expressão do meu dicionário. Hoje sinto admiração e me orgulho de todas as pessoas que vivem em paz com seu astral.

Admiro e miro. Sonho alto. Aplaudo em pé e traço metas. Aprecio a minha vida e contemplo as outras como quem vive em uma grande celebração; afinal, a vida nunca foi uma competição.

LOUCURA É PODER
ADMIRAR AS ESTRELAS,
MAS PREFERIR MERGULHAR
NO POÇO DOS DESEJOS
ATRÁS DO BRILHO DA MOEDA
LANÇADA PELO DESEJO
DE OUTRO ALGUÉM.

## MENTIRA

As mentiras corroem o amor. Mas elas continuarão corroendo ainda mais você por dentro, caso continue se engasgando com elas. Perdoe e aceite que a vida segue. Chute para longe tudo aquilo que um dia tirou seu sono. Você precisa respirar sem essa mordaça que é viver remoendo algo ruim que já passou.

As pessoas sempre pisarão na bola. Quem não pisou, uma hora ou outra também vai pisar, chateando aqueles que tanto o admiram. É como diz o velho ditado: todo mundo erra. E você precisa começar a acertar nas suas pequenas escolhas. Diante de um desamor manchado pela mentira, escolha ser a sua melhor companhia e vá para longe de tudo aquilo que alimenta o gatilho da sua ira.

Parece impossível apenas deixar pra lá, mas a falha é sobre a outra pessoa, não sobre você. Se você acha que errou ao escolher alguém assim, não se torture. Ninguém resolve escolher o abusivo, muito menos plantar ervas daninhas em meio a um jardim de flores. Elas apenas surgem, mesmo que você não as queira. E dá um baita trabalho se livrar de tudo. A gente só não desiste por saber que vale a pena lutar para sentir mais uma vez o doce cheiro das flores.

E machuca tanto, né? Eu sei. E, talvez, doa ainda mais saber que você sabe de tudo, e ainda assim continuam tentando lhe enganar com o mesmo papinho furado apenas para se esquivar da culpa.

O amor não tem garantias e poucas vezes é reciclável. Então, talvez, o movimento perfeito seja enterrar as lembranças ruins bem lá no fundo, em meio a toda a bondade que você sempre plantou pelo mundo, cultivando assim a semente que irá florescer num futuro bem próximo tudo aquilo de que você precisa.

Sei que, depois disso, poderá dormir em paz e enfim sonhar com um futuro menos assombrado. Deixar as mentiras no passado e seguir exalando bondade é a escolha certa para um futuro sem mágoas e de muito aprendizado.

NÃO QUERO QUE VOCÊ
PROMETA QUE O
NOSSO AMOR É SÉRIO,
SÓ QUERO SENTIR
QUE ELE É SANO.

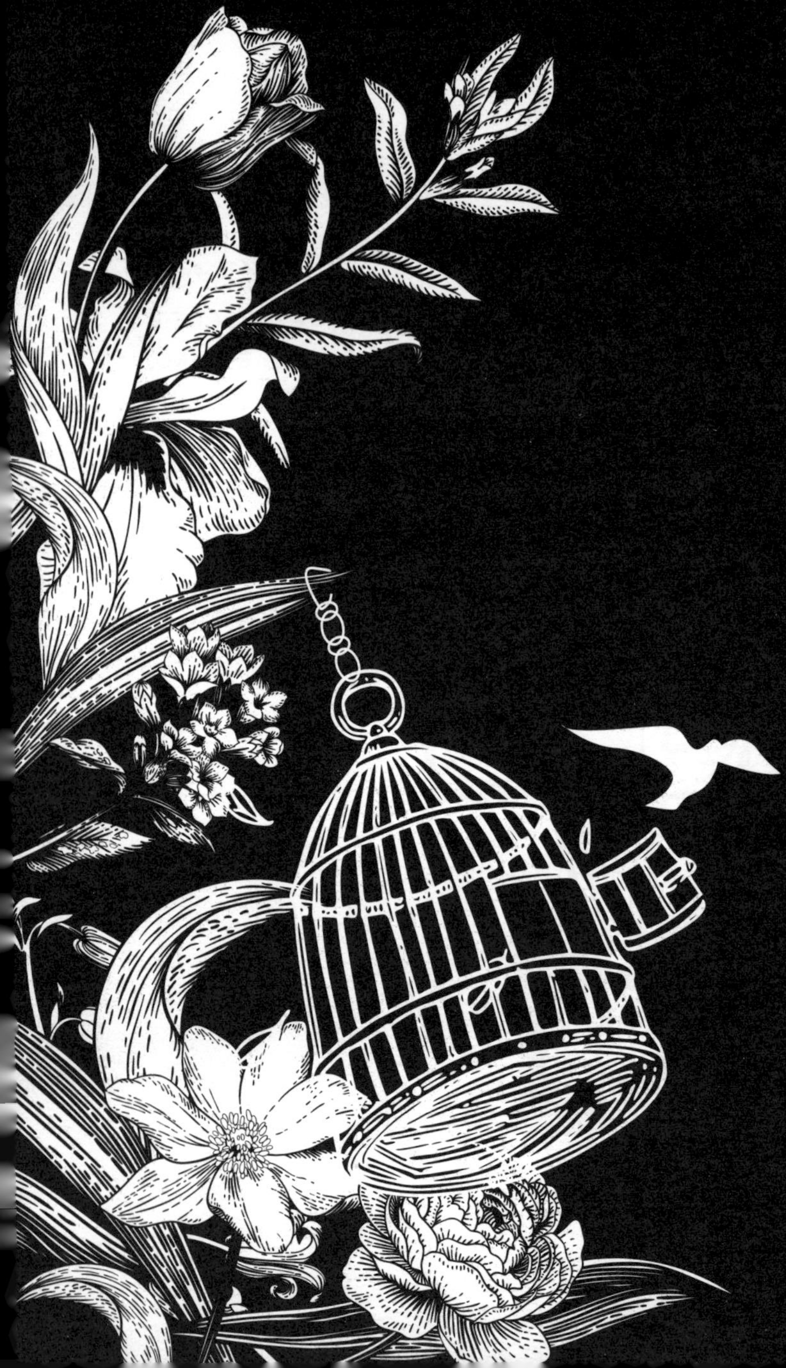

PARTE DOIS

# PAPO FURADO

## SEGUE O BAILE

O seu desinteresse foi tão grande que cobriu de desgosto os meus bons olhos. Sinto de longe o cheiro da sua covardia, mas, se preferiu fugir, não vou insistir.

Você dizia que o amor só era enterrado quando as palavras de uma conversa pudessem encher a cova, mas, pelo jeito, preferiu sumir dentro do buraco que ficou em meu coração, feito um indigente.

Eu me arrependo por não ter acreditado no horóscopo do mês em que conheci você, que me orientou a ter calma e não apostar tudo quando o prêmio fosse o amor. Mas não deu. No jogo do amor, apostei todas as fichas em você. E perdi.

Perdi a vontade de sorrir, de me levantar da cama gritando "bom dia", e perdi a noção do tempo à espera de uma resposta. Mas o pior de tudo: perdi meu tempo com quem só me fez de passatempo.

Senti o gosto amargo do amor em meus lábios e passei por tempestades sem ter um porto seguro. Apanhei da vida como quem entra num ringue de olhos fechados. Mergulhei de cabeça em um amor tão raso quanto uma poça de lama. Eu me sujei nas pegadas do desamor que você deixou para trás quando foi embora. Mas decidi ser gentil e não me maltratar tanto por quem por tão pouco me entregou em tantas oportunidades.

A tempestade passou e clareou a minha visão sobre as coisas, aprendi que dependência emocional é tudo aquilo que não precisamos ter por perto. E de longe é o que causa mais estrago quando chega a hora de dizer adeus; ela se agarra com tamanha força no peito que só nos resta abrir mão de boa parte de nós.

Muitas vezes, um filme passou em minha cabeça sobre o que poderia ser. "Se", "talvez", "mas"... Nada disso adianta! O peso do desinteresse foi tanto que nada mais me faria voltar atrás.

Eu me vesti com o meu melhor sorriso, dei play no som e decidi que o baile precisava seguir. Hoje eu não tenho hora para voltar, estou com o coração leve e cheio de vontade. E ninguém mais irá pausar a minha felicidade.

O QUE TE AFUNDA
E PODE TE AFOGAR
TAMBÉM TE ENSINA
A NADAR.

**TE VI NO TINDER**

Na sede por topar com novos corpos, me coloquei de coração aberto numa vitrine virtual. O baile seguiu e não tem hora para acabar. Será que alguém quer me tirar para dançar?

Faço pose. Tiro foto. Apago a foto. Tiro mais uma. Apago. Tiro dezenas. Pronto, essa ficou boa. Vamos lá. Como funciona isso aqui? Passo tudo para o lado e tento a sorte? Melhor não. Ser consciente virtualmente também é necessário.

Verifico as prateleiras do mercado carnal na tentativa de encontrar um coração do tamanho do meu. É difícil saber a flexibilidade das coisas quando estamos em um mundo totalmente engessado e cheio de figurantes tentando roubar o protagonista em minha tela.

Minha mente gritava por atenção e os ecos refletiam dentro do meu peito carente e vazio. Até onde você aguenta? Até quando vai fingir ser o que não é? Ninguém aguenta interpretar o mesmo personagem por muito tempo.

Chega. Excluí.

Não aguentei. Me recadastrei.

Vamos de novo.

Segui com minha roleta-russa amorosa na expectativa de encontrar alguém que fizesse meus olhos brilharem. Na mosca! O mesmo charme que me conquistou durante a adolescência inteira nos tempos de escola estava ali, na ponta dos meus dedos. Uau! Esquerda ou direita? Quer saber, deixa pra lá. Cliquei em excluir.

Preciso mesmo esperar a aprovação do outro para desenrolar um papo maneiro? É claro que não! O tempo me ensinou que não preciso esperar as pessoas me notarem e gostarem de mim. Posso muito bem fazer com que gostem de mim. Na marra? Também não. No charme, simplicidade e gentileza, é claro.

Oi, você se lembra de mim? Que tal se a gente saísse para conversar? Posso passar aí para buscar você... Pode vestir qualquer coisa, vamos apenas tomar um sorvete de tangerina e conversar sobre o que mais a vida pode nos trazer para adoçar os dias. O que acha? Você topa?! Que ótimo. Então, combinado! Até mais tarde.

Uma das minhas metas para este ano é resgatar a simplicidade das coisas tidas como complexas. Relações precisam ser simples. Sem histórias de aventura para causar admiração — ou inveja — em quem possivelmente gera interesse em você. Quando você perceber que a vida é muito mais gostosa quando sentimos o vento no rosto e o frio na barriga ali, olho no olho, irá parar de arrepiar os cabelos e sentir azia por qualquer desventura vivida num simples aplicativo.

ALGUMAS PESSOAS
SÓ ENTENDEM
TARDE DEMAIS
QUE A VIDA
NÃO OFERECE
DUAS VEZES
A MESMA PESSOA.

## NÃO SEI, VAMOS VER...

Sei lá, pode ser. Vamos ver. Você quem sabe.

É tão frustrante a vida de quem convive com alguém que vive na indecisão. Já parou para pensar em como seria tudo tão mais fácil se você resolvesse descomplicar e desembaraçar esses fiapos de sentimentos que se enroscaram em seu coração, simplesmente deixando para trás a pessoa indecisa que não quer que a relação vá pra frente?

Feche as portas da sua vida para quem não quer seguir viagem com você. Aliás, até quer, mas, pelo andar da carruagem, você certamente vai perder viagem. E, cá entre nós, você merece passar por isso? Acredito que não. Chega de perder tempo com quem não vale o tempo perdido.

Sei que muitas vezes o caminho é incerto e resolvemos esperar para ver se o tempo irá abrir. E é sempre assim... Uma hora é tudo. Outra hora é nada. E nada disso faz bem a você. Não queira mais castigar o seu coração com essa indecisão.

O descompromisso é legal e descolado quando temos uns quatorze anos. A rebeldia em faltar na aula de matemática para ficar na cantina jogando conversa fora e o sossego inerente de quem tem a vida inteira pela frente, sem ter que se preocupar com a companhia ideal para isso. O tempo passa e não queremos borboletas no estômago, queremos apenas nos sentir tranquilos. Se for para sentir alguma coisa em meu corpo, que sejam os toques de ponta de dedo, cafunés ou até a nostalgia de uma noite maravilhosa ao lado de alguém incrivelmente decidido.

Se ainda deseja ter o controle sobre alguma situação da sua vida, chegou a hora de dizer adeus. Você ouviu "você quem sabe" e sei que você sabe muito bem o que quer.

OBSERVO DETALHES
E ISSO ME FAZ
APRENDER DEMAIS
SOBRE COMO
AS PESSOAS
SE IMPORTAM
DE MENOS.

## VAMOS DEVAGAR

Me pediram calma, logo agora que eu já tinha entregado até a minha alma. Querer uma relação mais tranquila do que isso soa como se quisesse viver na saudade. Sendo que poderia viver comigo sem passar nenhuma vontade.

Me pedir calma não fará com que eu me apaixone, muito pelo contrário, só aumentará a minha vontade de falar para você: some. Começamos bem: encontros semanais, entrega recíproca e coração sem nenhum escudo. A evolução foi rápida e logo eu já estava chamando você de amor. E agora, o que quer que eu faça? O meu coração não é bola de tênis para ser jogado pra lá e pra cá. Com toda essa conexão, foi bem difícil não me apegar.

Às vezes, quero que você suma. Mas a vontade de que você fique e some sempre foi maior. Acredito em nós dois como uma criança que ainda crê que um velhinho descerá pela chaminé com um saco cheio de presentes. Sou assim. Tento arrumar brechas para entrar nesse seu coração estreito. Tento fazer morada em você, mesmo sabendo que todo o espaço que deixei para que viva em mim ainda não é o suficiente.

Não queira me mudar. Eu poderia estar na Lua ou até em outra cidade que o nosso problema sempre seria toda essa intensidade. Sou entregue demais para alguém que se entrega de menos. E, ao se entregar de menos, despeja sentimentos de gota em gota em meu peito, dia sim, dia não, tentando, talvez, irrigar o pouco que resta deste amor — se é que posso chamar assim as migalhas que você me dava.

Você se acostumou com o morno. Às vezes, até com a frieza. E o seu corpo passou a conduzir essa temperatura para outras pessoas com quem você se envolve. Dentre todas elas, eu. Um turbilhão ambulante de sentimentos que não sabe deixar as coisas pela metade. E sou assim, com a ingenuidade de quem nunca imaginou que pudessem pisar no freio logo quando a viagem estivesse incrível.

Você me fala que o dia está corrido, mas fica on-line jogando conversa fora. O meu amor virou repulsa. Se antes eu queria parar o relógio quando estivesse com você, hoje quero que o tempo pare antes mesmo de você sair da sua casa.

E por mim vai ser assim, devagar vou sumindo e fingindo que esqueci você. Se só o tempo é capaz de levar o que tira a minha paz, quero ir bem devagar, para que o tempo leve embora e eu não consiga correr atrás.

CUIDADO COM OS
FALSOS JARDINEIROS.
O AMOR DA SUA VIDA
NUNCA IRÁ PODAR
OS SEUS SENTIMENTOS.

## CAÍMOS NA ROTINA

Juntos, fazemos coisas incríveis. E todo dia tudo é sempre igual. Mas a rotina cansa você. E todo dia incrível vira só mais um dia insuficientemente ruim na sua vida. Já percebi seus sinais. Você não assume, mas sei que está de partida.

Sonho por nós dois. Faço planos por nós dois. Luto contra o mundo por nós dois. E até carregaria você nas costas se caísse. Mas, de todas as coisas que poderiam cair para tentarmos levantar, você me disse que caímos na rotina. E que não acredita que isso pode mudar e fazer você tocar os céus novamente.

Tenho a mania tola de acreditar nas pessoas, mas agora é diferente. Vivo na certeza de que fiz tudo certo. Eu me desgastei tentando fazer o nosso amor não se desgastar, me entreguei de corpo e alma, enquanto você parecia estar distante, caminhando ao meu lado de olhos fechados para a maré de coisas boas que estávamos vivendo, na sede para tropeçar em qualquer desculpa e cair na rotina.

A nossa rotina, espetacularmente gostosa, nunca me cansou, mas viver com quem vive de desculpas, sim. Perco o sono só de imaginar querer dormir pelo resto da vida ao lado de quem não se esforça nem um pouco por mim. Fico com dores só de pensar que um dia sonhei ansiosamente para o dia em que dormiríamos de conchinha. Não tente me procurar ou vir com todo esse seu papo furado. Aliás, pode até me ligar, mas quem vai cair é a ligação. Ficarei bem. Em pé. Vendo você cair em ruínas por viver sem saber o que quer.

O amor-próprio gritou bem alto e, desta vez, o meu coração ouviu. Não caímos na rotina, você caiu. Fique aí com essa sua cara amassada no chão. Chão esse do qual eu nunca deveria ter tirado os meus pés. Estou indo embora. Eu até tinha energia para carregar essa relação nas costas daqui até, sei lá, a Argentina. Mas ficar com quem não faz questão nunca foi a minha sina.

NÃO SOU MÉDICO,
MAS ACREDITO QUE
CAIR NA REAL
TEM O PODER
DE SALVAR VIDAS.

## VOCÊ SUMIU...

Sumi, sim. E continuarei assim por um bom tempo. Aliás, para você, continuarei assim para sempre. Num mundo no qual o desinteresse reina e o bom flerte está em extinção, sumir me pareceu a melhor opção.

Era gostoso me aventurar com você. Ou em você. Mas, quanto mais eu me conectava, mais você brincava. Não sou um jogo de tabuleiro para você usar a hora que quer e depois jogar na gaveta com as peças bagunçadas. Aliás, deu um trabalho imenso arrumar a bagunça que você deixou para trás.

No começo era divertido, mas ter que organizar toda a bagunça física e mental após as suas brincadeiras foi perdendo a graça. Se o jogo sou eu, escolherei muito bem os próximos jogadores. Só irá se aproximar quem planeja passar de fase e salvar boas histórias em minhas memórias. Seu nome não está em minha lista. Você não evoluiu e, ainda assim, voltou com a mesma ladainha, puxando conversa e me mandando "você sumiu".

Se quer continuar com a encenação, faça-me o favor, vá para longe de mim com esse seu charme de indescritível decepção. Não, não me faz falta alguma ter você por perto, já que nunca gostei de me envolver com alguém tão ridiculamente incerto. E, se quer saber o exato momento em que alguém sumiu, saiba que foi quando a sua atenção se dividiu.

O TEMPO PASSA
E VOCÊ PASSA
A ENTENDER
QUEM SIM,
QUEM NÃO
E QUEM
NUNCA MAIS.

## CAIU A FICHA

Agradeço a você por ter desligado a nossa conexão e fazer a minha ficha cair. Demorou para eu perceber que você já não estava mais ali, enquanto eu falava sem cessar; do outro lado não ouvia você sequer respirar.

Não é qualquer pessoa que recebe a minha ficha de intimidade para criar uma ligação comigo. Você teve a sua oportunidade e a deixou escorrer entre os dedos quando abriu mão, justamente no momento em que devia me segurar com força contra o seu corpo.

Aliás, hoje ninguém mais tem vontade de segurar nada. Se faz bem, tanto faz... O amor para toda a vida virou amor fugaz. Percebo que essas relações modernas estão cada vez mais despreocupadas com o toque e focadas apenas na frieza do *touch*. Para que se preocupar em olhar no fundo dos olhos se podemos ver o mundo na palma das nossas mãos?

Ainda prefiro a superfície da minha boca tocando outros corpos do que os meus dedos deslizando por uma tela sem relevo e sem sabor. Se essa é a nova versão de amar, prefiro ser antigo e brega no amor.

Se você preferiu se aventurar em outros mundos, tudo bem. Se me acha ultrapassado por escolher receber o mesmo toque para o resto da minha vida, tanto faz. Não vou descarregar as minhas energias tentando convencer alguém tão incapaz.

Mas foco no aprendizado e na gratidão. Antes só do que estar acompanhado por alguém com nenhum pingo de intenção. Agradeço a você por me mostrar que uma ligação é formada por duas pessoas dispostas a ir do ponto B ao ponto A. E de relações e ligações você não entende nem o bê-á-bá.

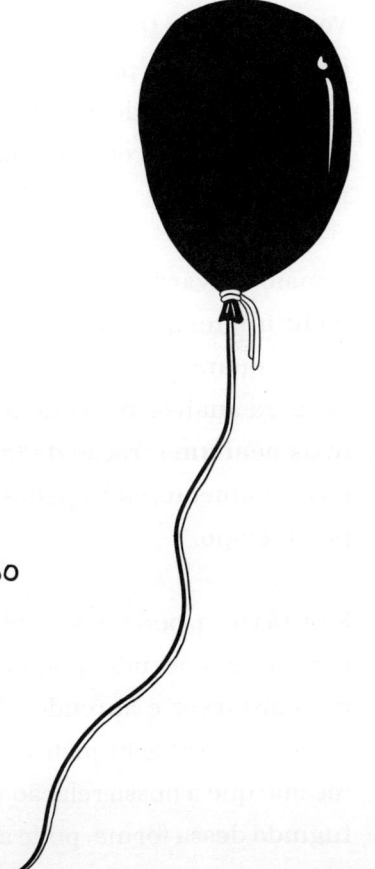

COVARDIA É SABER
QUE PODE SER TUDO
E ESCOLHER SER
APENAS UM SIMPLES
INSTANTE.

## PRECISO DE UM TEMPO

Você me ligou tarde da noite com a voz cansada, dizendo poucas palavras desanimadas, mas com o coração decidido. Quando me disse "preciso de um tempo", meu chão se abriu e acabei ficando no relento.

A maior covardia dentro de um relacionamento é pedir um tempo. Talvez o único tempo que precisamos quando nos pedem isso seja aquele necessário para analisarmos que não é necessário passar mais nenhuma fração de tempo com alguém que, aparentemente, está apenas querendo nos fazer de passatempo.

Se está ruim, podemos resolver. Se quer me criticar por alguma atitude, pode falar, sou todo ouvidos para absorver e aprender. Mas pedir um tempo? Não quero. Não acho justo e tampouco certo. Se acha mesmo que a nossa relação vai melhorar com você fugindo dessa forma, pode arrumar a sua mochilinha e voltar para os tempos de escola.

Nas entrelinhas entendi o que você quis dizer: "Quero terminar a nossa relação, mas imagine que seja só por um tempo. Uma hora, talvez, eu volte.

Mas, enquanto isso, quero você trancado dentro dessa gaiola sentimental que eu chamo de esperança de melhoria, assim você não poderá sentir a liberdade que vou sentir. Fique aí, enquanto decido o que quero para a minha vida conhecendo outras pessoas".

Por inúmeras vezes, tentaram cortar as minhas asas para me impedir de voar alto. Você não foi diferente. Você tentou, mas não colou. Quando voltou e tentou me procurar na gaiola, não me encontrou. Pode dar meia-volta. O tempo não me trará de volta. Já sobre o seu arrependimento por ter me perdido com tanta facilidade, tenho certeza de que todo dia ainda lhe sufoca.

EU NÃO FARIA
O MESMO.
E ESSA É
A NOSSA GRANDE
DIFERENÇA.

## CRISE

Chegou com a malícia de um ilusionista e criou inúmeros problemas que sequer sabíamos da existência até então. Sempre achei que esse papo de estar em crise fosse coisa de artista. Aliás, querer viver com os pés longe do chão, da realidade e estar sempre no limite da insensatez certamente é coisa de equilibrista.

Não quero viver numa corda bamba de sentimentos, sem saber qual será sua reação caso eu queira dar o próximo passo. Vai se arriscar comigo? Ou vai soltar as minhas mãos na face do abismo? Não sei. E, cá entre nós, não suporto viver na indecisão, muito menos no limite da minha tensão.

Para todas as coisas você é disponível. Você se dedica, demonstra interesse e até mesmo se desdobra para nada se afundar em uma crise. Mas por aqui, a sua falta de vontade me nocauteia todo santo dia. Eu só queria que você percebesse tudo isso e acabasse com esses falsos problemas que me deixam na mais pura agonia.

Insisti por tempo demais no seu jogo de tanto faz. Entreguei a você minha paz e você a transformou em crise. Pare um pouco e olhe em meus olhos, quero que me analise agora. Essas lágrimas que saem de mim são o sinal mais claro de que tudo o que construímos chegou ao fim.

A sua crise encenada causou a falência de todo o meu amor e afastou todos os planos e as certezas de futuro da nossa jornada. Pode até parecer que eu esteja desistindo de algo certo para ir de encontro com o duvidoso, mas a clareza de que posso lidar muito melhor com as minhas incertezas deixa o meu coração ainda mais corajoso.

EM UMA CRISE
DE CONFIANÇA,
JÁ CONFUNDI
DESAMORES
COM AMORES
DA MINHA VIDA.

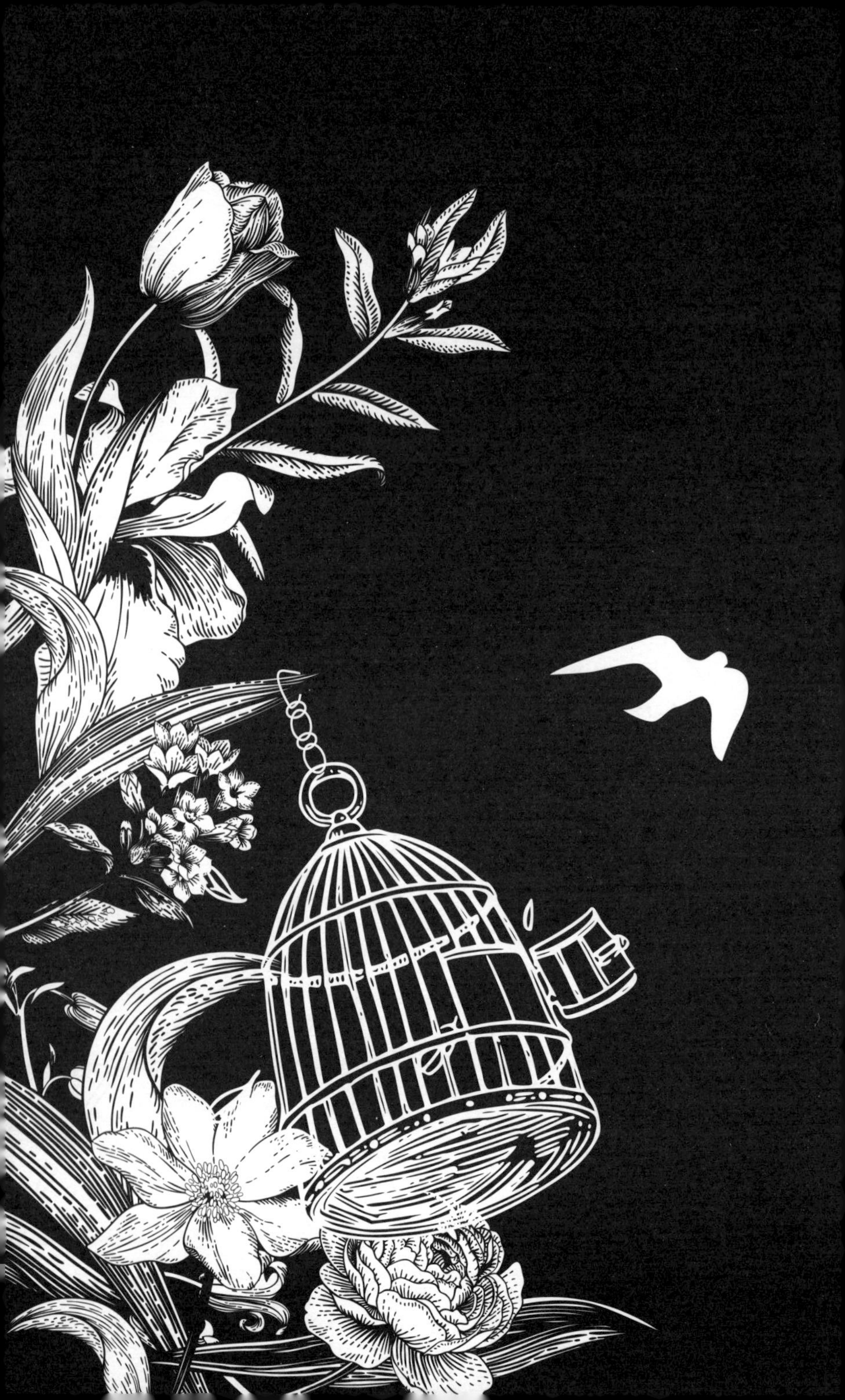

PARTE TRÊS
# O DESPERTAR

## DEDO NA FERIDA

Tem gente que gosta de passar uma vida inteira com o dedo enfiado na ferida. Loucura total. Se é o seu caso, quero alertar você sobre o quanto isso faz mal.

Não vai passar. E, quanto mais remoer, mais as dores do passado voltarão a te assombrar. Pare agora com essa onda de *stalkear*, isso só faz a dor permanecer. Liberte-se dessa fixação de querer se apegar aos pedaços do papel de trouxa que já foram rasgados. Você precisa começar a viver uma nova história. E, nessa história, o final não está mal-assombrado.

Faça isso por si mesmo. Aliás, você precisa gostar mais de si e parar de uma vez por todas de se maltratar tanto assim. Você pode até fazer promessas de mudanças, mas as faça para você, não para os outros ou para mim.

Sei que é difícil assumir, mas a culpa pela maioria dos nossos problemas é nossa. É mais fácil continuar remoendo tudo e colocando a culpa na bebida da qual exageramos, no dia de chuva, no dia frio, na carência ou na amnésia que faz com que sempre procuremos a pessoa errada para buscar as respostas certas.

Se você precisa de uma resposta, aqui está: a culpa é sua. Unicamente sua. E sabe o que isso significa? Que você é a única pessoa que pode dar um jeito nisso e dizer basta. A responsabilidade de ser feliz sempre foi sua. E eu sei que você não quer deixar essa responsabilidade na mão de qualquer pessoa, não é mesmo? Chegou a hora de tomar as rédeas de tudo aquilo que fez você acreditar que não era capaz de lidar.

Quanto mais você tenta velar um sentimento que já morreu, mais o seu coração esfria. E quanto mais tenta comparar novos amores aos do passado, mais a sua agonia aumentará. Só você não percebeu que as portas estão abertas para a chegada do novo, mas está teimando em deixar os sacos de lixo do passado bloqueando a entrada. Dê um jeito nisso. E passe a tratar a felicidade como o seu principal compromisso.

DIZEM QUE SER
UMA PESSOA FRIA
É A ÚNICA MANEIRA
PARA NÃO SOFRER COM
DORES SENTIMENTAIS,
MAS ISSO É UM ENGANO.
QUERO O MEU CORAÇÃO
FERVENDO E QUEIMANDO
TODOS OS SENTIMENTOS
QUE TANTO ME FIZERAM
DORMIR CHORANDO.

## SEM CONTRAPARTIDA

Eu me orgulho de você. De como ainda não desistiu e como persiste em tudo aquilo que é grandioso aos seus olhos. Sei o quanto foi difícil quando você precisou respirar fundo todos os dias em que pensou que definitivamente poderia sumir e que ninguém se importaria.

Eu me orgulho das inúmeras vezes que sentiu o peito incendiar e teve a sensação de transformar tudo o que tocava em cinzas. Não é fácil seguir em frente quando existem centenas de pessoas para cumprimentar você, perguntar se está tudo bem e julgá-lo com olhares estranhos. Todos reparam, mas não tem um que ouça e entenda o que se passa dentro da sua cabeça.

Talvez eu não compreenda você totalmente, mas quero que entenda algumas coisas, por isso lhe escrevo. Lembra das vezes em que a dor tomou conta do seu corpo? Sei que você sorriu descontroladamente para que ninguém soubesse que algo estava lhe ferindo terrivelmente. Até parabenizaram você pelo sorriso excelente. E você agradecia mesmo com um nó na garganta, tentando ser convincente.

Mas, como ninguém consegue interpretar o mesmo personagem por muito tempo, a noite chegou e trouxe consigo uma tempestade de lágrimas. Você precisava de um abraço, mas a única coisa que pôde fazer foi dormir com o travesseiro entre os braços.

Eu me orgulho de você porque, mesmo depois de tudo, ainda está aqui. E hoje o seu sorriso é verdadeiro. Não sou cartomante, mas sei que o tempo de chorar passou. E como sei tanta coisa? Talvez seja porque também estou nesta guerra. Mesmo com todo o sofrimento que já presenciei, consigo enxergar luz em você. E, apesar dos infinitos fins de mundo que prevejo constantemente, quando vejo você, sei que a minha intuição não mente.

Na procura dessa tal felicidade, não sou o seu concorrente. Sou apenas uma pessoa na torcida por sua vida, vibrando desde o dia em que você quebrou as correntes. E sigo na esperança de ver o que virá em seguida. Espero que seja a total liberdade, sem nenhuma contrapartida.

FELIZ DE VERDADE
É QUEM CONSTRUIU
O PRÓPRIO CASTELO
COM AS PEDRAS
QUE LANÇARAM
PARA VÊ-LO CAIR.

## CÁLCULO EXATO

Queriam me falar de amor. Mas eu queria falar mandarim, italiano, francês e até japonês. Queriam oferecer o mundo todo aos meus pés, mas eu tinha um mar inteiro de possibilidades à minha disposição. E a minha confiança estava tão intensa que eu sabia que era só sorrir para até mesmo uma pedra de mármore se derreter de amores por mim.

Vivia o meu melhor momento. E decidi que nada quebraria essa onda de energias boas em que estava surfando. Pode parecer simples, mas eu estava amando.

Viver intensamente é uma experiência interessante. Num dia estamos no olho da turbulência, sem enxergar uma saída e fazendo preces para o dia clarear. No outro, a calmaria reina em nosso peito, dissipando tudo aquilo que um dia trouxe o medo para fazer morada em nós.

Poderia comparar infinitas ações da natureza com a minha vida, mas, ainda assim, não seria suficiente. A minha vida costumava ser mais complicada do que cálculo de integrais, até que finalmente consegui resolver a equação quando parei de tentar somar com pessoas que eram o próprio zero à esquerda.

Dali em diante, nunca mais errei um cálculo. E, sinto muito, mas para somar comigo precisa ter, além de muita vontade, muita autenticidade. A minha paz tende ao infinito e é multiplicada por intensa positividade. Se quiser somar comigo, pode cortar todas as casas da sua toxicidade, pois aqui nunca mais irá reinar nenhum tipo de maldade.

SE O MUNDO EU
QUERO DOMINAR,
PRECISO PARAR
DE TENTAR SOMAR
COM QUEM
NÃO TEM NADA A
ME ACRESCENTAR.

**EU LHE OFEREÇO**

Chega pra cá e venha conhecer um pouco mais de mim. Você sabe que sempre fui um mix de sentimentos, mas desta vez quero que você enxergue que isso nunca foi algo ruim.

Empatia, gentileza, amor, compreensão, carinho, respeito, simplicidade e muito mais. Está tudo aqui. Já pensou poder conhecer alguém com tantos poderes especiais?

Sei que os bons sentimentos estão em extinção. Para conhecer as coisas boas não precisa de nenhuma adaptação. Eu lhe ofereço de bandeja o melhor de mim, entrega real de alguém que nunca quis ter a frieza de um manequim.

Eu me pergunto o que você tem a oferecer. Não que eu tenha interesse ou faça algum tipo de chantagem, mas quero saber o que é que você carrega na sua bagagem. Rancor ou esperança? Amor ou vingança? Quero saber exatamente até que ponto devo ir com a minha confiança.

Aqui não lhe faltará nada. Se quer um abraço apertado, terá um bem demorado. Se precisar conversar, é só chegar e desabafar. O meu coração está aberto para tratar bem todos aqueles que um dia foram maltratados.

Permita-me apresentar a você um novo tempo. Eu lhe ofereço sorrisos sinceros e transparência no olhar. Venha logo, não precisa nem pensar. Serei a sua luz em meio à escuridão. Serei a sua paz em meio à tempestade. Pode confiar, em todo caminho que você enxergar algum tipo de maldade, segure a minha mão e prepare-se para viver cercada de bondade.

VOCÊ NÃO MERECE
SER A INDECISÃO
DE NINGUÉM.
OU É TUDO, OU NADA.
E QUEM DISCORDAR,
FAÇA-O SER MAIS UMA
PÁGINA VIRADA.

## NÃO SE CALE

Em frente ao espelho, pude olhar dentro dos meus olhos e desabafar. Sempre vivi com o costume de falar muito sem ter alguém para me ouvir, palavras ao vento ou questões do momento, estou sempre com a mente carregada de argumento.

Perdi muitas pessoas em minha vida. De muitas delas fui eu que abri mão, pois já tinham soltado a minha há tempos. Mas sempre tinha ficado em silêncio. E isso acabava comigo.

Um dia resolvi colocar para fora tudo aquilo que já estava me causando ânsia pelo grito. Respirei fundo e juntei cada pedaço de boa vontade que caiu do meu coração e comecei a procurar motivos para partir em outra direção.

Nem sempre os motivos são para se corroer. Nem sempre uma boca que se cala tem algo ruim a dizer. E eu demorei tempo demais para aprender isso. Tinha tanto a falar, mas tão pouca oportunidade de me exaltar.

Foi quando resolvi olhar nos olhos da pessoa que mais me calava: eu. Tirei a limpo o motivo de tanta autossabotagem. Não sabia se era por hobby ou por maldade, o que sabia era que aquilo precisava parar. Respirei fundo e tomei posse com o alívio de poder falar. E também gritar.

Se você também passou a vida inteira se calando ou falando só para o seu íntimo refletir, agora é o momento perfeito para deixar o mundo lhe ouvir. A sua voz é poderosa para todos aqueles que desejam se reconstruir. Pode falar ou até gritar. Você é incrível demais para viver sem ninguém para lhe aplaudir.

---

PARE DE PERGUNTAR
POR QUE
TENTAM TE CALAR
E PASSE A
SE QUESTIONAR
POR QUE
VOCÊ PERMITE.

## RECORDAÇÕES

Sonhei que você reapareceu. Deu um baile, chorou e sem hesitar me fez juras de amor. Até estranhei tamanha bondade vinda de um coração que antes exalava apenas crueldade. Mas a loucura continuava. Eram poemas de amor, declarações musicais e até passagens para viagens internacionais.

É, foi apenas um sonho de amor eterno irreal com alguém que é extremamente apaixonada pelo lance casual.

Acordei, lavei o rosto e caí na realidade. Eu me lembrei das infinitas oportunidades que dei para muitas pessoas que até tiveram a chance de me fazer bem, mas preferiram não se submeter. E tudo isso para depois ressurgirem com o papinho de que não querem me perder.

Por muito tempo torci por você. Diariamente as recordações gritavam em minha mente e nocauteavam o meu coração, mas fui firme. Ou melhor, tentei. Mas só eu sei o quanto balancei.

A cada esquina, uma nova recordação, mas foi encarando o luto da realidade que começou a brotar a aceitação. E deixei florescer. Aos poucos, o nosso cheiro foi se transformando apenas em um. O meu. E eu precisava tanto disso, um pouco de liberdade para alguém que vivia em constante estado de calamidade.

E isso virou um vício. Hoje me recordo com carinho, mas não com carência. Se eu a vir por aí, será apenas mera coincidência, não mais um sinal do destino ou essas desculpas sem nenhuma coerência.

Recordações existem e devem ser vistas com cuidado e até com certo olhar de advertência. Mas lembre-se: um coração calejado nunca fará uma escolha sem pensar na consequência.

RECORDE COM CARINHO
E COM APRENDIZADO,
MAS NÃO DEIXE QUE
O SEU PRESENTE VIRE
O MESMO MARTÍRIO
QUE FOI O SEU
PASSADO.

# MEMÓRIAS

## ESPERE SENTADO

Uma vez me disseram: se acha que pode tudo, pode esperar sentado. E assim fiz. Sentei. E esperei.

Esperei sentado com a esperança de a vida me dar um sinal de que, eu poderia tudo. Talvez viesse por meio de alguém que passasse e me desse algum tipo de sinal. Ou por algum figurante da minha própria história que resolvesse se rebelar e viesse participar comigo da cena principal da minha vida. Eu sei que talvez tenha visto *Forrest Gump* vezes demais, mas sempre gostei da ideia de compartilhar grandes feitos com pessoas aleatórias e atenciosas.

Sentei e vi o tempo passar. E ninguém parar e se sentar. O sol levava consigo todas as minhas incertezas. E o luar trazia à minha mente todas as minhas inseguranças. Não era fácil. Esperar o destino se sentar ao meu lado começou a me causar gatilhos de um futuro solitário amargurado.

Talvez o segredo nunca esteve em esperar, mas sim em procurar. Ou ver tudo com um novo olhar.

Olhei para o horizonte e vi o pôr do sol. Lindo e independente. E dia após dia, ele cumpria o seu papel, sem depender da gente. Resolvi me levantar e partir conscientemente, sem esperar alguém alimentar a minha mente com algum tipo de papo motivacional aparentemente convincente.

E me disseram para esperar sentado. Doce engano, a última coisa que farei será ficar parado. E, se me encontrar, cuidado ao passar ao meu lado, pois você pode acabar sendo contaminado pela energia de alguém que nasceu para ser determinado. E jamais esperar sentado.

ME DISSERAM PARA ESPERAR SENTADO, MAS NUNCA GOSTEI DE TER OS MEUS GRITOS E SONHOS ABAFADOS.

## NÃO ME AJUDE COM A MUDANÇA

Pode ir embora, não chamei você aqui. A bagunça que deixou já está lá atrás, dentro da caixa de memórias que não me cabem mais. Nem hoje nem no carnaval. Foi apenas um envolvimento artificial, eu diria até que acidental. E só. Passou rápido como uma estrela cadente, não queira agora se achar especial como uma aurora boreal.

É até engraçado, você não perde essa mania de aparecer quando ninguém o chama. Aliás, aparece quando ninguém chama e some quando mais precisam. É tipo o *Mestre dos magos*, mas em vez de ajudar, causa ainda mais estragos.

Estou de mudança e com o meu tempo perfeitamente cronometrado para realizar inúmeros sonhos do meu passado. Não precisa me ajudar, já me encontrei em carreira solo. E está sendo incrível. Hoje sou eu quem dita como a banda vai tocar. Cada noite conta com uma performance impecável, fazendo encher de alegria um coração que hoje anda inabalável.

A sua desorganização por muito tempo era até bonitinha, como uma criança quando suja a casa inteira e a gente acha graça, sabe? Mas um dia toda essa graça acaba e precisamos encarar a realidade. Se quer bagunçar a sua vida, tudo bem, mas eu é que não vou viver nessa creche de dificuldade.

Estou indo. E desta vez é pra valer. Deixo você, de uma vez por todas, gentilmente em meu passado. E, com essa mesma gentileza, quero que você entenda que a minha mudança será constante. Mas pode ficar aí, não preciso da sua ajuda. E muito menos de uma má recordação em minha nova estante.

UM DIA ME DISSERAM
QUE NÃO SE IMPLORA
POR ALGO QUE É
PARA SER FEITO
NATURALMENTE.
DALI PRA FRENTE,
TUDO PASSOU A SER
INCRIVELMENTE
DIFERENTE.

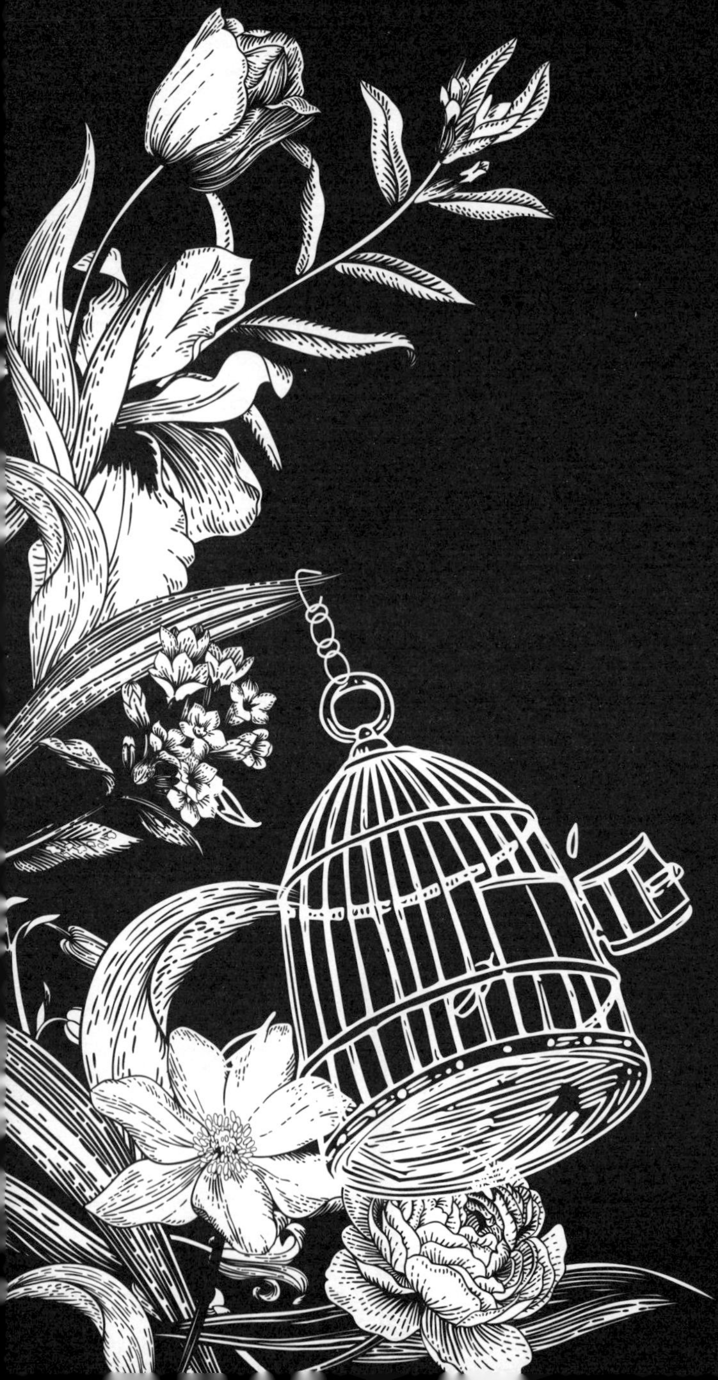

PARTE QUATRO

# CORAÇÃO ABERTO

## SONHE ALTO

Quero viver a vida com os meus pés no chão, mas com o coração cheio de sonhos, pulsando na estratosfera. Já que é para sonhar, que seja alto, que seja muito e que seja intenso. Afinal, quando falo de minhas vontades, saber que mereço demais sempre foi questão de bom senso.

Se são os sonhos que movem o mundo, tenho energia positiva e mental de sobra para mover cada partícula deste universo sem-fim. E, nessa nova rota, fazer da minha vida uma história inédita com memórias inesquecíveis e conquistas sem tempo ruim.

Vou traçar metas tão altas que a minha mente terá medo de altura e ficará me questionando a todo momento se ela é capaz. A isso eu só irei responder: minha filha, se prepare, pois de onde vieram esses planos tem muito mais!

Nada pode me parar! Sei muito bem aonde quero chegar e não vou perder tempo. Surgirão vários tentando me atrasar, mas não vou me explicar nem tentar mostrar um bom argumento. Tenho pressa e vontade. E se algum dia eu passei vontade, agora vou conquistar tudo mais fácil, pois confio em minha capacidade. Mas tudo isso, é claro, sem perder um pingo da minha humildade.

Não quero olhar para trás, para baixo nem para o lado, comparando a minha vida com grama artificial no Instagram dos meus vizinhos. Hoje sei que o meu sucesso depende dos meus próprios sonhos, projetos e caminhos.

SE NÃO FOSSEM OS
DIAS DE TEMPESTADE,
EU NUNCA SABERIA
O VALOR DA MINHA
LIBERDADE.

## CONFIANÇA

Minhas feridas do passado me fizeram ser uma pessoa mais fechada. E minhas cicatrizes de outros desamores cobriram, mas também calaram, muitos sentimentos que deveriam estar ali, transparentes em meus olhos, para que quem chegasse pudesse me ler e entender o que se passa na mente de uma pessoa que ainda acredita no poder do amor.

Ao me calar, engoli toda minha confiança. E vivi por anos com uma indigestão de tranquilidade que só eu sei. Foi aí que descobri que a confiança é mais do que necessária, é um ato de amor. E também de amor-próprio.

Quando você chegou, senti que era a hora certa para enterrar as minhas inseguranças e florescer novamente. Você ouviu sobre os meus dramas, dilemas, inseguranças e tragédias. E não me julgou. Muito menos diminuiu uma dor que era tão minha, mas, sim, pegou todas elas do meu peito, conforme me abria, e jogou no lixo do esquecimento. E ainda prometeu cuidar para que nada daquilo viesse me trazer noites em claro no futuro. Você me deu valor e cuidou de mim como quem cuida da última vela acesa em meio a uma tempestade, segurando a minha mão e fazendo de tudo para que o meu último brilho não se apagasse com toda a maré de azar que tentava me afogar. Sorrindo para vida, percebi que é tão gostoso viver em paz ao lado de quem nos eleva a moral e elimina o nosso medo de ser incapaz.

A cada sorriso, uma dor curada. A cada carinho, uma memória terrível apagada. Finalmente confiante, confiando plenamente que essa seria a última vez que esse processo de traumas seria superado. É... Toda a minha insegurança havia acabado e a minha confiança finalmente havia voltado.

O PIOR ERRO
ORTOGRÁFICO
É NÃO COLOCAR
UM PONTO FINAL
EM TODAS AS
SITUAÇÕES QUE
ABALAM A NOSSA
PAZ MENTAL.

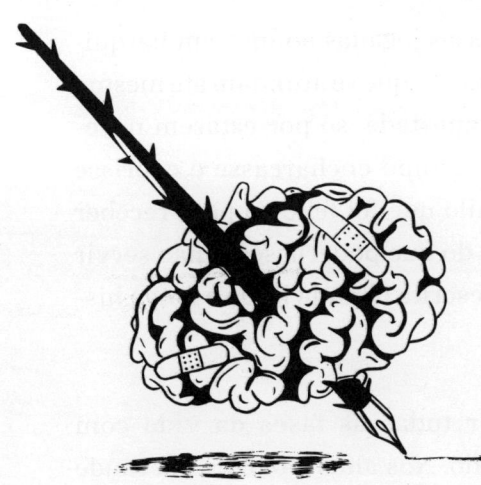

## VALORES

Quero um amor que me valorize. Mas, além de me dar valor — que é o mínimo do mínimo numa relação —, quero alguém que saiba lidar com os meus valores. Alguém que, mesmo quando estiver distante, me faça sentir em plena tranquilidade de não querer saber sobre o que rolou nos bastidores.

Não quero precisar fazer um contrato para que alguém o siga à risca, já que a naturalidade sempre foi algo que me excita. Não ter que fazer um manual de instruções para amadores, nos dias de hoje, me traz sensações banhadas na paz da qual certamente vou gostar de sentir o sabor.

Não quero promessas jogadas ao mar em barquinhos de papel, daqueles que se afundam até mesmo sem nenhuma tempestade, só por estarem navegando. Como se o tempo encharcasse e cobrisse de amor tudo aquilo que foi feito só para receber alguns rascunhos do que poderia ser, e não servir como base para a escrita de uma linda e longa história de amor.

Quero passar por todas as fases da vida com alguém ao meu lado. Nos altos e baixos. Na saúde e na doença. E até mesmo, sei lá, numa pandemia. Quero cuidar nos dias de sol e também nos dias de neblina. E também faço questão de que se lembre, em meio ao caos, que chegou o dia de tomar uma vacina. Amar-se é viver entre cuidados e valores. Quero que essa seja a minha sina: viver em plena felicidade ao lado de quem me ilumina.

Apenas peço que leve em consideração que todos os sonhos e planos para o meu coração nunca serão em vão. Não quero grandes luxos, sou fã da boa e velha simplicidade; mas anseio por grandes conquistas quando o assunto é a minha felicidade.

DEIXEI ESCAPAR
OS MEUS MEDOS
E PERCEBI QUE
HOJE TENHO MUITO
MAIS ESPAÇO PARA
CULTIVAR TODOS OS
MEUS SONHOS.

## AMOR

Ainda jovem e inexperiente, queria saber o que era o tal do amor que mexia com a cabeça de tanta gente. Custei para entender como um sentimento poderia mudar tantas coisas dentro e fora das pessoas. E foi no auge de tantas dúvidas que conheci você. E tenho certeza de que foi nesse exato momento que finalmente aprendi.

O seu modo de me olhar combinado com o jeito protetor de abraçar me fez entender que aquilo era o princípio do amar. Eu me entreguei ao seu amor e com ele me senti desabrochando, tipo flor. O meu coração batia num ritmo compassado com o seu e, mesmo sem que eu o pedisse, você cuidava dos meus sentimentos como se fossem seus.

Sempre se expressava sobre o que sentia, afinal, eu não podia ler mentes. E, vivendo com toda essa leveza, não me cabia mais viver em ansiedade. Passei muito tempo com a curiosidade de viver o amor, mas agora que finalmente sei o quanto ele me faz bem, irei cultivá-lo definitivamente.

De rostos colados num doce gingado. Dois pra lá, dois pra cá. Meu mundo gira quando você chega por trás... do meu pescoço... e respira. Sensação irresistível de um amor indistinguível.

O amor pode, sim, ser elegível e é nítido como pode ser encontrado em vários locais. E depois de aprender o que é o amor, não irei aceitar menos que isso. Jamais! De hoje em diante, viverei como cantava Cazuza: pra mim é tudo ou nunca mais.

FINGIR QUE
NÃO SE IMPORTA
É UMA TAREFA
DIFÍCIL DEMAIS
PRA QUEM
É INTENSO E
SENTE EM
EXCESSO.

## EMPATIA

Esses dias me peguei pensando em como tudo seria mais fácil se as pessoas exercessem a empatia. Já que não custa nada se colocar no lugar do outro, que tal pararmos para pensar um pouco?

Não custa fazer o exercício diário e perceber que muitas coisas, atitudes ou palavras que não machucam você podem machucar muito a pessoa ao seu lado, que a única vontade dela para lidar com isso tudo é fugir. Mas quem disse que isso vai adiantar?

Durante algumas viagens, senti uma grande necessidade de conhecer pessoas e culturas. Quanto mais pessoas conhecia, mais a curiosidade aflorava em mim. O interesse pela vida alheia é o primeiro passo para a empatia. Mas não falo sobre o interesse em coisas que a pessoa tem ou mesmo a curiosidade em saber segredos para correr e contar para outro alguém. Nada disso. Falo aqui sobre a vontade insaciável de conhecer novos mundos.

Essa vontade amplia a nossa empatia e elimina pouco a pouco a bolha que criamos, já que encontramos pessoas com vidas e visões de mundo diferentes das nossas.

Decidi viver praticando a empatia quando, após passar por uma situação difícil, recebi olhares estranhos de quem não sabia nada da minha história. Eu me chateei e fui até a internet me distrair, foi quando li um provérbio que dizia: "Ande um quilômetro com os sapatos de outra pessoa antes de criticá-la". Isso me desarmou.

Não precisava mais me esconder ou me blindar do mundo, mas sim viver com a empatia plantada em mim. Era o primeiro passo para começar a mudança. Faça o teste, tente ampliar a sua visão de mundo, abra a sua mente e o seu coração para inúmeras possibilidades e culturas que estão espalhadas por aí, apenas esperando para serem vivenciadas.

Deixe suas máscaras e seus pré-conceitos para trás. Entenda as pessoas como quem deseja conquistar o mundo. E saiba que não há nada de errado em ter vulnerabilidade. Viver com empatia nada mais é do que estar à vontade para passar por qualquer adversidade, sem perder a mania de espalhar a bondade.

ERRAR É HUMANO,
MAS REPETIR O ERRO
MAIS DE UMA VEZ
É UMA OPÇÃO
DESUMANA.

**BAD**

Você se entrega, faz o que pode para tirar um sorriso daquele rosto fechado e se desdobra em mil versões para falar todos os dias com a pessoa. Deixa toda a bondade no seu coração que já estava cicatrizado e o entrega pensando que está fazendo a coisa certa. Mas ele não está se importando tanto assim e o deixa cair no chão.

Você espera tanto ouvir um pedido de desculpas ou qualquer gesto de arrependimento, mas se decepciona quando, cinicamente, ele dá de ombros e alega estar ocupado demais para ficar com você, então diz tchau e sequer tenta pegá-lo. Deixa cair, se quebrar, se partir em tantos pedaços que já não dá para colá-lo.

Você, chorosa, repete baixinho, tentando se convencer de que está tudo bem ser tratada com tanto desdém. Pode confessar, sei que ainda quer continuar indo atrás porque sente que não consegue mais viver sem ouvir a voz dessa pessoa, estou certo? Você vai ligar incansavelmente e dizer que discou o número por engano. Vai abrir o WhatsApp várias vezes ao dia só para ver se ele está on-line. E se torturar pensando com quem está conversando, e sobre qual é o assunto. Será que todo o restante do mundo é tão mais interessante do que você?

Vai rever as conversas dezenas de vezes porque, depois de enviar tantas declarações, ele disse em algum momento que você é razoavelmente legalzinha. E essa migalha a alimenta.

A culpa não é sua e você sabe, mas prefere perder o amor-próprio do que perder outro alguém. Sei que dentro dessa sua cabecinha existe um medo irracional de terminar sozinha numa noite de domingo, porque é melhor estar ao lado de alguém, mesmo chorando todos os dias, do que ter paz e viver tranquilamente.

Depois de ver que a outra parte seguiu em frente sem esforço algum, você começa a cair na real. Mas cai ainda mais fundo. A sua cabeça começa a girar e o arrependimento faz mais uma vítima.

A tristeza mostra que o seu quarto nunca foi tão irresistível quanto agora. Você tenta arranjar forças para sair da cama e comer qualquer besteira, decide sair para comprar um sonho quando, ao seu lado, ouve alguém chamando uma pessoa com o mesmo nome que anda destruindo você por dias.

No caminho, surta com a rádio que resolve tocar todas as músicas que lembram o seu antigo relacionamento. Você sente como se tivesse se partido, mas quem partiu não foi você.

Depois de meses se decompondo em uma lama de sentimentos destroçados, você se olha no espelho e percebe que tudo isso está causando um dano enorme não só em seu psicológico, mas em seu físico também. Os olhos já estão apagados e as olheiras estão cada vez mais fundas. O telefone toca e você não atende, com medo de que alguém chegue e você tenha que arrumar o cabelo, que já está formando um ninho de pássaros. Você sorri pela primeira vez em muito tempo e se lembra de como gostava de pássaros quando era pequena.

Decidida, finalmente puxa as cortinas, abre as janelas e respira profundamente. O céu continua azul, os pássaros continuam voando. Todo mundo continua com a própria vida. Os carros continuam passando pelas ruas como malucos apressados. Acham que, quanto mais correrem, mais vão conseguir aproveitar o dia, mas o segredo é caminhar olhando o céu e parar para sentir o cheiro das flores. É elogiar um desconhecido, começar uma nova amizade, se olhar no espelho e se amar.

Acabou. Finalmente você pensa "que loucura é essa que estou fazendo com a minha vida?" e pronto. Você vai embora. Finalmente vai embora. Finalmente percebe que nenhum amor vale tanto a ponto de fazer você abrir mão do amor-próprio. De valorizar quem quer ver você bem e abrir mão de quem não faz questão de saber como você está. De curtir o silêncio em casa sem achar que é o fim do mundo, porque sabe que depois dele sempre haverá outros. De aprender que antes de querer ser par é preciso amar o ímpar. Agora é a hora de sacudir a poeira e ser feliz, pois você merece mais do que imagina.

APRENDI A SER FELIZ
QUANDO PERCEBI
QUE ESTAR TRISTE
ERA O MESMO QUE
ESTAR PERDENDO
TEMPO.

## SIMPLICIDADE

Gosto do simples. E, se complicam demais, acabo me desanimando e dando um jeito de pular para trás. Não quero promessas de intensidade, pois gosto mesmo é da realidade. Ando com os pés no chão e sei exatamente quando faço uma escolha que me leva pela contramão.

Chega pra cá, tire os seus disfarces e venha ver como é linda a vida de quem vive em paz com as próprias vontades, sem ter que impressionar ninguém. Olhe para esse sorriso enorme em meu rosto e tente entender o motivo de eu não querer perdê-lo por fazer coisas a meu contragosto.

Gosto de quem é direto, reto e fala o que sente, que demonstre amor a sós, mas também em meio à multidão, sem receio de queimar o filme caso tudo dê errado. Aliás, se quer mergulhar de cabeça em meu mundo com o pensamento de que tudo pode dar errado, pode ficar aí. Quero essa negatividade longe de toda bondade que tenho a oferecer.

Quero alguém que se entregue, que seja brega e até um pouco antigo. Daquele jeitinho que, aparentemente, está em extinção: que ande de mãos dadas, me dê um beijo na testa e, quando eu falar, me ouça com atenção.

Todos nós merecemos viver o que queremos. E quando o assunto é manter o coração funcionando em perfeita paz, devemos mandar para longe aquele fulano que chega de mãos atadas, mostrando ser apenas mais um incapaz. E lembre-se: é só um amor fugaz que fará coisas que não a satisfazem. Fuja enquanto é capaz.

Parei de acreditar que é pedir demais encontrar alguém que leve a sério toda essa simplicidade quando percebi que, para fazer tudo isso, basta ter um pouco de vontade.

PREFIRO ESTAR SÓ DO QUE VIVER EM AGONIA COM UMA MÁ COMPANHIA.

## TRAUMAS

Empilhei todos os meus traumas e olhei fixamente para dentro de mim. Tudo ali me incomodava, inclusive o aprendizado. Como pude me permitir passar por tantos sofrimentos, mesmo estando na cara que eu cairia em vários desapontamentos?

Sempre criei muitos cenários para um final feliz. E, quando menos esperava, lá estava eu de cara para o abismo da desilusão, com o amor-próprio por um triz, se desfazendo.

Eu me envolvia novamente, juntava os meus pedaços e tentava reciclar você. E, mais uma vez, tudo era trauma e desilusão. Entregava de bandeja o meu coração para quem só queria diversão.

Você criou uma versão de mim em que o responsável pelos meus atos era justamente você. E me fazendo de marionete, controlava cada ação involuntária que eu tinha. Se você quisesse que eu corresse, lá estava eu correndo atrás de você. Quantas vezes não cheguei a implorar para você me amar? E, se me dava um gelo, assim eu continuava, me derretendo por você em lágrimas que nunca lavaram a minha alma.

Certo dia, deixei de sonhar. Deixei de sorrir. E também de acreditar. Já não me restavam forças, e todo o trauma consumiu a minha alma. Decidi me impulsionar de novo, mas, dessa vez, para longe de você. Quando vi que a minha energia estava prestes a se esgotar, peguei a pilha de traumas e a incendiei. O fogo brilhava na mesma sintonia dos meus olhos. O meu coração se aquecia na mesma intensidade em que você sumia em cinzas. Aliás, por aqui, tudo já havia virado cinzas, só restavam pedaços de você sujando inúmeras lembranças em minha mente.

Pouco a pouco fui me limpando, me cuidando e me amando. Cada partícula que você deixou para trás era limpa, noite após noite, enquanto dormia de alma lavada.

Quanto mais alto a fumaça tóxica dos traumas subia, mais sumia toda a minha agonia.

ESTÁ TUDO BEM
NÃO SABER PARA ONDE IR.
MAS SABER PARA ONDE
NUNCA MAIS VOLTAR
É A MELHOR FORMA
DE SE PREVENIR.

## ARRISQUE-SE

Comprei as passagens, fiz as malas e fui. Dessa vez, sem a certeza de nada. Levei somente a coragem e a fé de que Deus iria me abençoar.

Às vezes, fazemos planos demais, enrolamos e nos sabotamos só para, talvez, adiar uma vontade insaciável de nos aventurarmos por algo totalmente novo. O medo toma conta da nossa mente até mesmo quando não existe nenhum risco aparente.

Decidi viver sem amarras da sociedade. Guardei o meu diploma numa pasta e direcionei o meu esforço para dentro de mim, acabando por me libertar de tantas amarras que me foram colocadas durante a vida inteira. Finalmente vi que a vida era muito mais do que rótulos e autopromoções baratas.

A pressa sempre esteve presente em minha vida. Sempre me influenciaram a decidir as coisas rápido demais. Cursos, trabalhos, amores e alianças. A pressão era tão grande que todo momento especial ficava pequeno.

Quando os meus primos trilhavam por um caminho, logo me empurravam para os mesmos rastros, tirando toda a possibilidade de eu seguir os meus próprios passos. Fui impecável por anos fazendo coisas que pequei ao prolongar por tanto tempo. Até que decidi jogar tudo para o alto.

Joguei no lixo o meu medo de cometer erros e me reciclei. Todo estilhaço que o medo deixou logo cicatrizou, e o aprendizado por aqui reinou.

Se a felicidade está presente em pequenos momentos que se tornam grandes recordações, chegou a minha hora de arriscar. Quero sentir o vento em meu rosto e mirar bem alto em tudo aquilo que quero alcançar.

EXISTE UM IMENSO
MAR DE DIFERENÇA ENTRE O
"VOU VER SE FUNCIONA"
E O "VOU FAZER FUNCIONAR".

PARTE CINCO
# MEMÓRIAS

## PRECISO ME ENCONTRAR

Não quero mais viver uma vida de encenações, quero os meus pés no chão e o meu cabelo despenteado. Quero poder repousar em plena tranquilidade com as minhas decisões, para que, enfim, possa ser a paz em meio à tempestade na vida de outra pessoa.

Quero exalar amor, empatia e gentileza, como quem nunca precisou passar por nenhum tempo ruim. Quero novas experiências sem ter que experimentar o gosto amargo da vida, fazendo coisas que nunca quis fazer. Quero ter ao meu redor pessoas do bem, aquelas que genuinamente são boas, até quando não precisam de mim.

Me perdi por diversos caminhos quando outras pessoas decidiram por mim o que julgavam ser o correto. Mas não era. Agora, preciso me encontrar.

Carrego comigo uma bagagem lotada de sofrimentos. Não cabe mais nada aqui. Quero fazer escolhas para que possa me encontrar e trocar essa tonelada de sofrimento por uma vida leve, como a vida de quem aprendeu que não é preciso sofrer para amadurecer e tomar boas decisões.

Deixe-me tentar, com consciência, escolher com base em minhas experiências e finalmente ser feliz durante um dia inteiro sem sofrimento. O céu está lindo para um passeio sem hora marcada para voltar, só eu e todo o caos que fazia morada em meu peito e que agora escorre pelos meus olhos só de pensar que desta vez a vida será gentil comigo.

E, por favor, não me procure, pois tudo o que eu mais preciso neste momento é me encontrar.

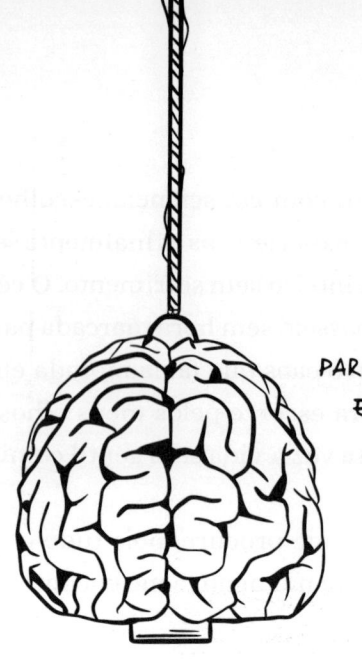

PARE DE RIR
PARA NÃO CHORAR
E DORMIR PARA
NÃO PENSAR.
ENCARE A
REALIDADE
PARA, ENFIM,
SE LIBERTAR.

## A PESSOA CERTA

Reza a lenda que quando é para ser, a gente sabe. A pessoa certa nos traz a sensação de certeza e a vontade de dar outros passos na relação, sem ter aquele medo de levar uma rasteira das expectativas e quebrar a cara.

Sei que ninguém é perfeito, mas algumas pessoas chegam muito perto da perfeição quando, sem muito esforço, nos somam uma felicidade única, contribuindo para um belo sorriso sincero e nos abraçando todo dia como se não nos vissem há uma década.

Mesmo com uma infinitude de coisas magníficas, existem diferenças, mas estas só completam o todo e nos trazem essa sensação ainda mais forte de um amor real. Diferenças essas resolvidas apenas com a troca de um olhar me trouxeram de volta à velha vontade de subir num altar.

Depois de tantos desamores, conhecer alguém, se entregar novamente e ver que, sim, o amor pode fluir a ponto de nenhum dos dois querer desistir, é gostoso demais. É leve. Principalmente agora, em tempos modernos, quando sonhar com um amor leve virou algo imoral, mas todos esses julgamentos somem da nossa mente quando encontramos alguém ideal.

Vou confessar uma coisa... Pode parecer exagero, mas, no primeiro encontro, quando veio me buscar, você chegou com um lindo sorriso, ajustando os cachos para disfarçar a timidez, e me perguntou se eu já estava esperando há muito tempo. Minha vontade era simplesmente dizer: esperei por você a minha vida inteira. Sei lá, talvez possa não acreditar, mas eu vi o amor da minha vida naquele olhar.

Milimetricamente na medida exata do meu coração, quando você chegou eu já sabia que aquilo tudo não era apenas atração. O jeito com que me olhava, acariciava o meu rosto e me beijava era apenas uma amostra grátis de uma história que se repetiria todo santo dia. Amém. Nunca mais teria de mendigar migalhas. Pelo contrário, o amor era tão farto que sobrava pra gente espalhar pelo mundo.

Já faz quinhentos dias do nosso primeiro beijo, mas todo dia a vontade de te ver é grande, nem que seja para fazermos de qualquer sexta-feira mais um dia de domingo, deitados no sofá fazendo nada, compensando toda a vida em que não estivemos juntos.

NÃO QUERO
MIL AMORES,
QUERO APENAS
UM QUE VALHA
POR MIL.

## CORAÇÃO QUEBRADO

Tentei a sorte de um amor tranquilo e acabei quebrando a cara. Mais uma vez. O meu olhar de sono reflete as marcas que foram deixadas em mim, junto ao cansaço e aos traumas de quem não quer pular mais uma vez num mar de desinteresse e brincadeiras.

Quando penso em mergulhar fundo em mais uma relação, me recordo de todas as vezes em que tive que andar com a água até a canela em relações nas quais os sentimentos e as vontades estavam indo pelo ralo. Cansa. Queria leveza, mas vi a minha paz se esvaindo por uma correnteza de incertezas.

Cadê você? Estou aqui há anos colhendo o que jamais plantei. Sempre quis plantar amor e constância, mas você só rega o meu peito com desprazer e repugnância.

Às vezes, nós confiamos demais em quem sempre entregou de menos. Os sinais estão claros, mas preferimos fechar os olhos e caminhar num labirinto escuro e cheio de espinhos. Nós nos machucamos e perdemos o sono tentando encontrar a saída de um labirinto sem saída, onde a única certeza de sucesso é acordar e acender a luz para enxergar que estamos sozinhos em uma relva de espinhos.

Com medo, nos agarramos à pessoa que esperamos ser a luz no fim do túnel, mas, na verdade, ela deixou a luz queimar. E o que nos resta é sermos a nossa própria luz. Mesmo quando a tempestade aperta e nos encharca de insegurança, temos que seguir com o coração leve e desmunidos de vingança.

Sempre ofereci o que tenho de melhor sem pedir nada em troca, mas agora será diferente. Quero o meu coração finalmente cicatrizado e a minha mente trabalhando os meus sonhos com a mesma satisfação de um pássaro recém-libertado. Se for para vir, venha para somar e assumir. Caso contrário, pode apenas sumir.

O CARMA NUNCA FOI SOBRE VINGANÇA, MAS, SIM, SOBRE O TEMPO DE COLHEITA DE TUDO AQUILO QUE VOCÊ PLANTA.

## A SÓS

Deixei tudo para trás. Juntei os pedaços de mim, que estavam jogados no chão entre as migalhas, recolhi também o resto de dignidade que existia e disse: até nunca mais. Finalmente, uma atitude digna em busca da minha tão sonhada paz.
Fechei as portas e joguei a chave fora. Dessa vez não cometerei nenhum erro como outrora. É tão gostosa a sensação de paz chegando com a brisa fresca em meu rosto. São tantos sentimentos bons que nunca mais quero deixar o meu coração assim, tão exposto.

Jamais esquecerei os bons momentos, é claro, mas toda recaída me fazia resgatar a minha balança mental, que deixava estampado que seria um baita erro voltar atrás. Lugar de passado é... no passado. E querer trazer você para o presente apenas deixaria mais uma vez o meu coração enjaulado.

A insegurança gritava alto em meu peito, enquanto ia até o banheiro me lamentando. Liguei o chuveiro e parei em frente ao espelho. Agora quem gritava era o cansaço. Jovem e independente, morando com a minha própria companhia e me desdobrando para arcar com tantas responsabilidades.

Num ponto de descontentamento, comecei a dizer coisas horríveis ao espelho, mas, antes que eu pudesse continuar, limpei as lágrimas prestes a cair e sorri. Dessa vez, o sorriso não era amarelo, mas, sim, um grande sorriso singelo. Olhei novamente para o espelho e, exalando gratidão, falei para o meu reflexo: "Você é incrível! E o melhor está por vir. Pode demorar, mas você já viu alguma coisa boa vir fácil"?

De alma lavada, me deitei, repousando em meus pensamentos. Lá fora chove. E aqui dentro do meu peito a tempestade já passou. Finalmente a sós, só eu e o meu coração. Finalmente, senti o gosto de pegar no sono sem nenhuma aflição.

VOCÊ SABE QUE ESTÁ
NO CAMINHO CORRETO
QUANDO PERDE
O INTERESSE
EM OLHAR PARA TRÁS.

## PARA O EX-AMOR QUE UM DIA ME FEZ SOFRER

Olá, ex. Quando você se foi, tudo por aqui ficou uma bagunça. Internamente, um nó cego em meu coração atrapalhava o bombeamento do sangue para o meu cérebro, não me deixando pensar em outra coisa a não ser "o que é que eu faço agora"? Externamente, dezenas e dezenas de embalagens de chocolate dos mais vários tipos amontoavam-se pela casa, junto às migalhas de amor que você deixou para trás.

Foi difícil me acostumar. Itens de nossas viagens estavam espalhados em meu quarto, fotos nos porta-retratos em todos os cantos da casa, fora a âncora de planos futuros que você deixou em meus pensamentos. Tudo isso me afundava num poço de autoconhecimento.

A dor me ensinou. O tempo me curou. E a saudade trouxe o aprendizado de que eu precisava para seguir em frente. Deixei de lado o "e se" e chutei para longe o "podemos tentar de novo". Tudo bem aquela nossa versão fantasiosa de mundo não ter dado certo, já que ainda tenho a vida real para tomar as rédeas.

Sem você, me sinto leve, como quem tirou um caminhão de concreto das costas. Coloquei na balança e vi que realmente seria um baita erro deixar alguém incrível como eu sofrendo num quarto escuro. Abri a janela e gritei "bom dia" ao mundo. Hoje o meu coração está mais quente do que o próprio sol.

Iluminei lugares em que você fazia sombra. Colori um mundo dito preto e branco. Eu me perdi e me encontrei um milhão de vezes. E está melhor assim. Os "nossos lugares" pelo mundo voltaram a ser apenas lugares, prontos para serem redescobertos por uma nova versão de mim. Mais leve, confiante e feliz.

Talvez eu não reconheça mais você, pois estou preenchendo a minha vida com tudo aquilo que não me traz a sensação de perda de tempo e não quero nunca mais olhar para trás.

Cuide-se. E não se esqueça de me ex-quecer.

TE QUERO BEM,
MAS BEM LONGE.
PORQUE PERTO
EU PERCO TODA
A MINHA PAZ
DE MONGE.

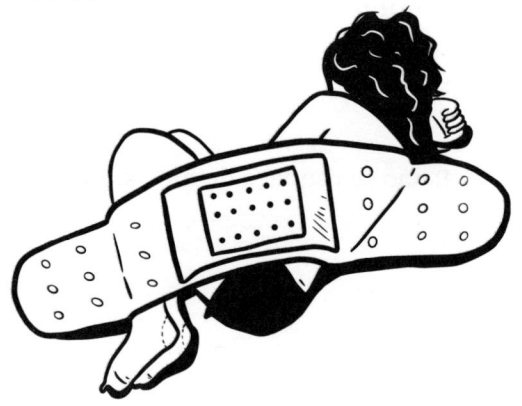

## ADEUS AO CAIS E AO CAOS

Viva na certeza de que todos os sentimentos importam, sejam experiências incrivelmente boas ou terrivelmente ruins. A certeza de evolução e maturidade deve ser constante dentro de você. Dentre tantas coisas passageiras, estão pessoas e sentimentos. E você precisa aprender a se desvincular de ambas a qualquer momento.

Deixe ir. Demita uma companhia desgostosa da sua parceria. Se um dia foi bom e hoje não é mais, chegou a hora de você velejar para longe deste cais. O mundo está esperando você de braços abertos. E sempre tem espaço para quem está sem ninguém por perto.

O mundo é seu e ele quer ver você feliz! Reconstrua a sua melhor versão, plante boas atitudes e colha todas as coisas boas que ainda existem por aí. Você merece e sabe muito bem que merece. Liberte-se do passado e vá viver com a certeza de que pode conquistar o que quiser.

A vida é assim, altos e baixos, idas e vindas, choros e risos. Eu sei, é difícil controlar tudo e estar bem o tempo todo, mas abrir mão e deixar ir o que já não lhe apetece certamente irá esquentar esse seu coração que há tempos não se aquece.

Olhe ao redor e não se compare a ninguém. Olhe para o passado sem querer voltar no tempo e tomar decisões indicadas por outrem. Diariamente, você vive milhares de segundos para fazer escolhas moldadas somente por você. E sei que você imagina a todo momento iniciar uma revolução na sua vida.

E o que é que falta para isso? Nada.

E assim você foi. De coração leve, fotos rasgadas na lareira e porta-retratos vazios. Viver uma vida de novas decisões não lhe causa mais arrepios. Pegue o seu passaporte e voe por esse mundo. Chegou o momento de conhecer o seu sonho mais profundo. Chegou a hora de registrar todas as coisas boas que a vida está disposta a lhe mostrar. E também a hora de preencher todas as velhas molduras com as suas novas aventuras.

SEMPRE EXISTIRÁ
OUTRO PORTO SEGURO,
COM MENOS PROBLEMAS
E MUITO MAIS AMOR.
NÃO PERCA TEMPO
SOFRENDO POR ALGO
QUE JÁ NAUFRAGOU.

## ELE NÃO PRECISA DE VOCÊ

Chega pra cá, quero contar uma coisa. Sabe aquela garota ali? Aquela que está dançando com as amigas, toda sorridente, como se o mundo fosse dela? Ela até te quer, mas não precisa de você para ser feliz. Mas nem sempre foi assim. Dois meses atrás, a maquiagem permanecia toda borrada, e esse sorriso que faz qualquer um enlouquecer não existia.

Estava destruída pelo término do namoro de três anos e meio. Só sabia chorar e pensar que o problema era com ela. Não conseguia perceber que sempre foi uma ótima garota. Aí, se humilhava correndo atrás, tentava de todas as formas voltar com o ex-namorado que, de tão imbecil, a traiu com a melhor amiga. Como se não bastasse, ainda a fazia achar que era privilegiada por estar ao lado dele.

Dizem que o tempo é a salvação de tudo, não é, rapaz? Pois é, ela fez um curativo bem forte no corte e finalmente decidiu ouvir o conselho de sua mãe, que sempre dizia para não cutucar o machucado. Essa garota sempre foi muito teimosa e nunca aceitou os conselhos de ninguém, só que dessa vez foi diferente, dessa vez ela quis ficar bem de verdade e queria dar uma trégua a si mesma.

Em uma bela manhã, acordou e algo estava diferente, se deu conta que não havia mais nada ali, só uma pequena cicatriz — que, de certa forma, a deixava mais interessante, mais charmosa. Para ter certeza de que não havia nenhum pedaço da ferida que pudesse reabrir, foi até o espelho esperando ter a extraordinária confirmação. E teve: ele não merecia tudo isso que estava diante de seus olhos. Nenhuma dor, nenhuma angústia ao ouvir aquela música que certa vez se dedicaram.

Finalmente ela colocou esse sorriso no rosto, vestiu sua melhor roupa e está aqui se divertindo. Ela voltou, e voltou mais madura, mais mulher. Descobriu que amadurecer não é comemorar cada aniversário. Amadurecer significa chorar até sentir a cabeça pesada e acordar sorrindo, mesmo que esteja doendo demais. Ela percebeu que relacionamento algum vale tanto a ponto de se desamar.

Ontem lhe perguntei qual era seu segredo, e ela me disse exatamente isso: "Minhas opções eram continuar ou parar, não parei porque mereço ser feliz. Deixei sangrar o necessário para que o veneno saísse de mim, e tampei o corte quando meu coração se tornou puro novamente. Antes de querer começar um novo capítulo, é necessário por um fim no anterior, por mais difícil e demorado que seja. Faça tudo o que tiver que ser feito para não arrastar bagagens nos recomeços".

É, rapaz, ela está mais radiante do que nunca. Você está vendo aquele homem ali? Aquele sentado se afogando em álcool como se não houvesse amanhã? Ele é o idiota que a perdeu. Ele notou que não era nada sem ela, mas só percebeu quando a saudade o espancou.

Todas as noites, ele vem à mesma festa que ela para assisti-la dançar de longe, e todas as vezes se dá conta de que essas noites não se comparam a acordar e vê-la de manhã tão vulnerável e, ao mesmo tempo, tão forte ao seu lado. Ele se arrepende, porém sabe que a fila andou. Ele tinha o paraíso em suas mãos. Mas deixou escapar.

MESMO COM
FOME DE AMOR,
EM NENHUM MOMENTO
ACEITE RECEBER
MIGALHAS
EM FORMA DE
SENTIMENTOS.

## DAS CERTEZAS QUE TENHO DA VIDA, VIVO NA INCERTEZA

O que sei sobre a vida é que ela é um mistério, e que a única certeza é a morte. O nascimento não é uma certeza, a tempestade ser efêmera não é uma certeza, um sorriso sincero não é uma certeza, muito menos aquele avião decolar e pousar em segurança não é uma certeza.

Não é vergonha amar. Não é vergonha querer andar de mãos dadas de dia e entrelaçar os pés à noite.

Volte atrás se preciso, se arrisque e se jogue. Amanhã você vive, amanhã você morre. Hoje você perde, hoje você ganha. É assim mesmo, mas tudo passa. Se não passar, você aprende a perdoar, a suportar e a conviver. Sei como você se sente pesada e cansada diariamente, chegando a pensar todas as noites se vale a pena continuar a ter esperanças de que vai melhorar. Saiba que também não é todo dia que acordo feliz e que às vezes tenho vontade de sumir, sair mostrando a língua, bater os pés ou simplesmente parar, sentar e chorar, pedindo colo.

A única certeza é que, ao final de tudo, a nossa vida terá um ponto final. O restante é sorte, coincidência e incerteza. Às vezes, esforço. Terá sorte se chover amanhã e parar no fim de semana a tempo de ir naquele show que estava esperando tanto. Terá sorte se tudo acabar bem até a noite chegar. Terá sorte se for chamado para a entrevista de emprego de que anda precisando. Terá sorte se encontrar alguém que suporte todos os seus dramas e teatros. Então, saiba que, haja o que houver, você está aqui agora e isso importa intensamente. Você está vivo, tem uma nova chance de mudar tudo, se quiser.

Lave esse rosto lindo e olhe para mim com esses enormes olhos brilhantes. Você acredita que neste instante a sua vida poderia estar melhor? É claro que poderia! E você sabe muito bem. Levante-se, comece a fazer as coisas que gostaria fazer, riscando metas do seu caderno empoeirado. Assuma os riscos e as faça, sem medo de reprovação. O passado é como uma fotografia: já passou, mas vai continuar ao seu lado se permitir, se não rasgá-lo ou queimá-lo. Se não quiser se livrar dele por algum motivo, apenas o guarde numa gaveta. Quando tiver um tempinho, volte e relembre por cinco minutos.

Não se prenda a bens materiais. Mal sabem que felizes são aqueles que se entregam porque há reciprocidade. Está esperando mais o que para correr atrás da sua felicidade? Aquele com quem deseja construir uma história pode desaparecer amanhã, enquanto você está adiando tudo. Me diz o que é melhor: dar uma flor para alguém e a pessoa a receber mesmo com um jeito torto ou dar uma flor para um pedaço frio de lápide? Eu já sei a resposta, fique tranquila. Vá atrás. Se está destruída por dentro, pegue os cacos espalhados e siga em frente, enfrentando o que vier.

E se os cacos estiverem pequenos demais para serem pegos com as mãos, pegue uma pá e uma vassoura. Mas siga sempre, siga apesar do porquê ou dos porquês. Permita-se mais, viva mais, arrisque mais, seja mais. Nada terá chances contra você quando o amor vencer. Todos nós viemos ao mundo para sermos e fazermos os outros felizes.

Já não está na hora de você se permitir e enxergar que é possível viver com felicidade e leveza, mesmo numa vida recheada de incerteza?

NÃO IMPORTA
O QUÃO PERDIDO
VOCÊ ESTEJA,
AS ESTRELAS
SEMPRE BRILHARÃO
POR VOCÊ.

PARTE SEIS

# NOVOS CAMINHOS

## FLUINDO

Aceitei que a minha liberdade era real e decidi seguir o fluxo. E acertei. Era pra valer. Eu já não sentia mais a insegurança e o medo de antes. Talvez, o aprendizado tenha me moldado e isso fez com que eu não ficasse com mais nenhum sentimento abafado.

É tão gostoso notar o início de uma coisa boa, os corações acelerados junto ao frio na barriga me fazem rir à toa. A vida novamente estava sendo boa comigo. E o amadurecimento me dizia: está tudo bem, você não está correndo nenhum perigo.

Finalmente, eu estava com alguém. E não era de alguém. Mas o principal: eu era a minha própria metade. E isso sem precisar implorar por coisas que sempre deveriam ter acontecido naturalmente. É, tudo estava mesmo muito diferente.

Às vezes, algumas preocupações surgiam, mas rapidamente eu as colocava em minha balança mental e analisava o quanto tudo estava me fazendo bem. Nenhuma insegurança do passado iria conseguir tirar isso de mim. A autossabotagem já não fazia mais parte desse meu novo coração reformado e recomeçado. E nenhum sentimento ruim o deixaria novamente enjaulado.

As pessoas me diziam para eu não me preocupar, mas, cá entre nós, o que eu mais quero é aproveitar. Não penso em muitos planos. Aliás, o plano é não perder tempo fazendo planos para o amanhã e acabar perdendo os momentos perfeitos do agora.

Corações calejados como o meu já não querem mais errar como outrora.

AME-SE TANTO
A PONTO DE ESQUECER
O CAMINHO DE VOLTA
PARA OS LUGARES
QUE TANTAS VEZES
IMPEDIRAM VOCÊ
DE FLUIR.

## DE TEMPOS EM TEMPOS

De tempos em tempos, precisamos parar a fim de respirar e prestar atenção em todas as coisas que continuamos fazendo sem pensar. Passamos por muitos altos e baixos sem nos policiar, por isso, quando prestamos atenção ao que estamos cultivando, vemos florescer ervas daninhas que dificilmente iríamos aceitar caso parássemos para analisar.

De tempos em tempos, precisamos nos perdoar. Resgatar todo o amor que deixamos de demonstrar pelo simples medo de nos magoar. Precisamos deixar todas as coisas boas voltarem a exalar. E, para as oportunidades que deixamos passar, é simples: basta nos lembrarmos de que para todas as coisas que desistimos de tentar, sempre é possível recomeçar.

Dar tempo ao tempo, de tempos em tempos, simplesmente para apreciar o nosso momento, para mim sempre foi um tipo de aquecimento. Sempre voltamos ainda mais motivados para encarar a longa estrada da vida. Faça daí o experimento.

Faça novos planos: mesmo que ache alguns deles medianos, você precisa desse movimento. E caso apareça algum contratempo, lá estará você com o mesmo sorriso no rosto, enfrentando o que quer que seja e sem perder o encantamento.

E, quando você precisar de um tempo, não se arme com um forte argumento. Apenas vá. Cuide-se. Será apenas um pequeno momento cinzento. Desligar-se da realidade nunca foi um pecado, mas, sim, um cuidado que irá apurar o seu autocuidado e aprendizado. E não tem nada de errado nisso, errado é viver com um grito de liberdade dentro do peito. E morrer engasgado.

MUITAS COISAS
VOLTAM A FUNCIONAR
QUANDO ESTÃO
DESCONECTADAS,
INCLUSIVE NÓS.

## ENCONTRE-SE

Você se deixou levar por falsas promessas de um amor eterno. E isso levou o seu coração do céu ao inferno. Pessoas com a bondade que você possui estão em extinção. E isso faz com que cada vez seja mais difícil acreditar em alguém e sair sem sofrer um arranhão.

Mas, acredite, ainda existem boas pessoas. Ainda existe amor que não machuca e também existem pessoas com o coração tão grande que facilmente mostrariam a você que nunca valerá a pena toda essa sua luta.

Você é uma pessoa incrivelmente boa, mas precisa se encontrar. Olhe um pouco para o seu interior e perceba que ali mora o seu maior agressor. Você não suporta perder, aliás, nunca aprendeu a suportar. E se maltrata sempre que se vê sem ninguém para lhe abraçar.

Você precisa se cuidar. Nem que, para isso, eu fique aqui só para poder lhe ensinar. E, como recompensa, serei a pessoa mais grata do mundo só por ter estado ao seu lado bem no exato momento do seu reencontro.

Não perca momentos incríveis, muito menos deixe de cultivar boas memórias. Assuma tudo o que precisar e volte a escrever as suas próprias histórias. Você precisa disso. E nós precisamos ouvir você. Queremos ver de perto o crescimento da fortaleza de coisas infinitamente incríveis que irá construir.

E não tem nada de errado em assumir uma pequena ou uma grande falha. A maior falha é viver sem perceber que isso, por dentro, apenas a estraçalha.

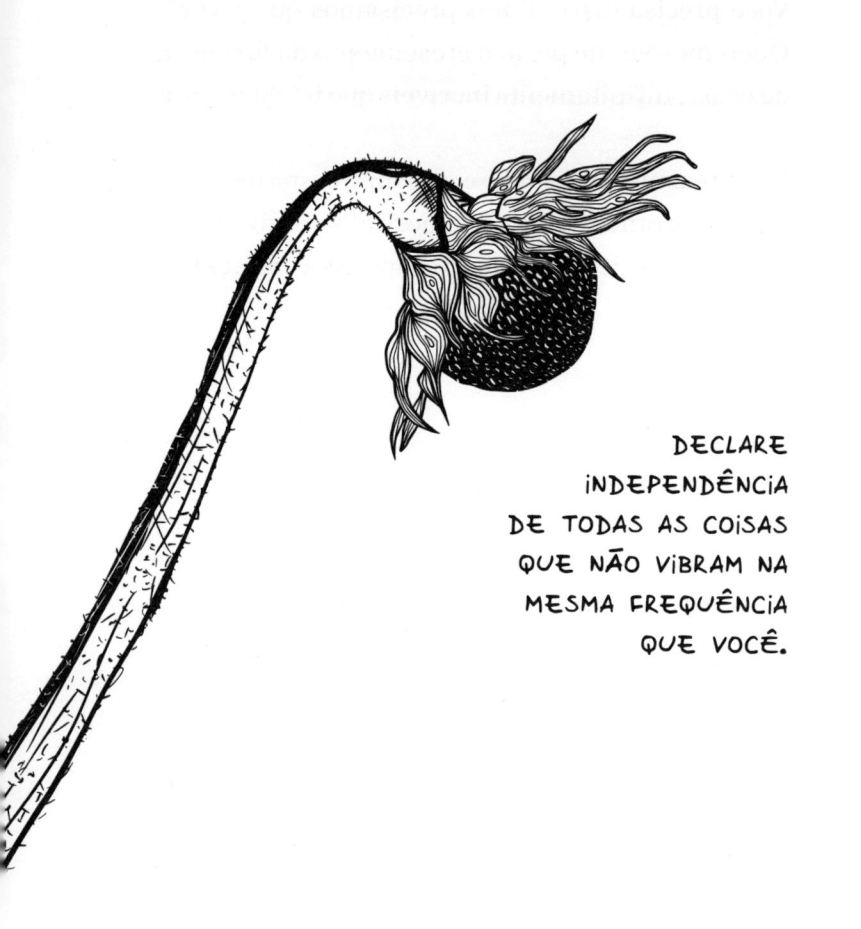

DECLARE
INDEPENDÊNCIA
DE TODAS AS COISAS
QUE NÃO VIBRAM NA
MESMA FREQUÊNCIA
QUE VOCÊ.

## SOSSEGO

Como já dizia um trecho de uma das músicas do grande Tim Maia: "O que eu quero? Sossego". Assim como Tim, eu também quero sossego. E eu sei que você também quer, e muito.

Independentemente da situação, acalme seu coração. Mesmo quando tudo se mostrar sem uma explicação, pense muito bem antes de tomar qualquer ação. A sua paz deve ser a sua maior prioridade, ainda que o mundo se mostre estar quase dominado pela maldade.

É fácil se perder, não é verdade? E é ainda mais fácil quando focamos em andar pela sombra da maldade. Mude de caminho. De endereço. Ou de calçada se preciso. Mas resgate o seu sossego e a sua liberdade, enquanto você ainda não está com a sua mente abalada.

Você quer ter sossego e aconchego ou viver sempre voando descontroladamente e descansando tarde da noite de cabeça para baixo, tipo um morcego? Proteja-se e não se cobre tanto. Vá viver a sua vida sem pensar tanto no seu mundo caindo em desencanto.

E não se aflija. Muitas coisas aparentemente urgentes só servem para atrapalhar o funcionamento da mente dos menos experientes. Você não precisa resolver tudo pra ontem. E não estou falando das suas obrigações profissionais ou educacionais, mas daquelas preocupações irreais. Conecte-se novamente consigo e com tudo aquilo que lhe satisfaz. Acredite, viajar pela vida na mão do sossego é o caminho mais curto para reencontrar a sua paz.

JAMAIS PERCA O SONO
POR ALGUÉM QUE
DORME TRANQUILAMENTE
SEM VOCÊ.

## INSENSIBILIDADE

Sensível demais para a insensibilidade. Já me cansei desses amores modernos com os quais não posso contar nos dias de inverno. É tudo descartável demais. E se você pensa em criar uma conexão sincera, logo dizem: jamais.

Quero beijos que me tragam boas energias e toques que me façam gemer sem sentir dor. E é disso que estou falando há anos: o amor. Mas parece que estou clamando pelo desamor.

Planto bondade, mas só vejo crescer maldade. Até onde isso vai dar? Sinceramente, não sei. Mas quero muito saber o dia em que os outros bons corações irão despertar.

Desejo conviver com alguém do bem, que cuide de toda a minha entrega e não tenha olhos para mais ninguém. Será que é pedir muito que prestem atenção em mim? Não quero ser mais uma alma descartável, quero construir algo durável. Esse é, sem dúvidas, o meu desejo mais insaciável.

Até gostaria de aprender a ser insensível para toda essa insensibilidade, mas quem disse que eu consigo? Os meus olhos gritam sinceridade. E se vier me jogar um balde de maldade, não se esqueça de que facilmente posso me tornar invisível. E aí, já era. Você pode até procurar por mim, mas toda a minha sensibilidade fará com que eu me torne — exclusivamente para você — inacessível.

RESPONSABILIDADE AFETIVA
É SOBRE TUDO AQUILO
QUE LIDA COM A VERDADE,
E NÃO SOBRE O FINGIMENTO
DA EXISTÊNCIA DE UMA
LINDA RECIPROCIDADE.

## DOCE LIBERDADE

Querer ditar as regras sobre o que é melhor para mim é pura maldade. É tão óbvio que a minha escolha será sempre a minha doce liberdade.

Mas nem sempre foi assim. Foram anos com o coração enjaulado, recebendo migalhas de sentimentos e sofrendo incansavelmente, enquanto navegava por vários tormentos. Se hoje vivo degustando do gosto de uma doce liberdade, foi porque decidi que não engoliria mais em seco o amargor de amar sem reciprocidade.

Conheci muitas pessoas que me diziam para voar alto, mas meus olhos só conheciam o cinza do asfalto. Meu céu era a pessoa que me prendia, então, sempre que eu pensava no conceito de liberdade, automaticamente a insegurança me dizia que eu não suportaria.

Mas suportei. E quando vi que a gaiola era apenas uma amarra sentimental, escapei. E me permiti voar. E me libertar.

Escutei tudo o que o meu coração gostaria de experimentar, sem poupar vontades. Passei a ser o que gostaria de ser, não o que esperavam de mim. Passei a me amar e a respeitar tudo aquilo que fazia meu coração vibrar, como quem descobre que a vida é uma dança muito boa e não quer parar de dançar.

Sobre o amor, não tenha medo. Ele não irá lhe prender. Na verdade, a maior liberdade do mundo é perceber que, ao se entregar a um amor real, a única coisa que acontece é que ele irá lhe surpreender.

DESEJO A VOCÊ
UM AMOR
TÃO GRANDE,
MAS TÃO GRANDE,
EM QUE CAIBA ATÉ
A SUA LIBERDADE.

## DEPOIS DE VOCÊ

Finalmente consegui voltar a viver. Consegui também transformar a dor em aprendizado e amadurecer. Senti a sua falta. Aliás, senti falta dos momentos em que estivemos juntos. Mas só dos momentos. E aprendi que obviamente posso construir um novo momento com alguém com quem eu não possua nenhuma mancha passada de sofrimento.

Foi difícil não me lembrar. A cada cheiro, a cada lugar, a cada música... Mas eu precisava me descontaminar. Abri mão do nó que nos unia e finalmente pude escolher o destino ideal para meu coração. Percebi minha real aptidão quando a felicidade voltou a reinar em meu peito sem nenhuma contradição.

O meu maior erro sempre foi me doar demais por alguém que nunca me entregou nada. Não que o amor precise de garantias ou de alguma chantagem, mas estar a todo momento carregando uma relação inteira nas costas é uma baita sacanagem.

Aprendi a valorizar a divisão e a reciprocidade, bem como não aceitar nenhuma outra promessa recheada de maldade que estava apodrecendo. Confesso que ainda não desisti do amor. Nem vou desistir. A tristeza foi embora e pude assistir e me despedir. Foi lindo. As memórias do seu sorriso foram se apagando, conforme a minha paz foi retornando.

Mais leve, consegui me libertar, e hoje posso fazer o que quiser. E se você ainda pensa que não pode, dê tempo ao tempo. Logo você estará com a plena certeza de que merece viver seguindo a sua intuição. Mas não tenha tanta pressa, pois nenhuma recuperação é uma competição.

PAREI DE ME
ENVOLVER
COM PESSOAS QUE
ME DAVAM PENA
QUANDO PERCEBI QUE
O AMOR-PRÓPRIO
ME DAVA ASAS.

## AMANHÃ VAI SER MELHOR

Uma das únicas certezas que sempre carrego comigo é que amanhã vai ser melhor. Pode o mundo estar prestes a explodir, mas faço de tudo para nunca deixar de sorrir.

Você pode estar tendo um dia terrível. Ou meses. Ou mesmo um ano inteiro. Mas confie em mim, o sol sempre volta a brilhar depois de um período de escuridão. Apenas siga acreditando e em nenhum momento pegue a contramão.

Seguir em frente e se deparar com um caminho de pedras é sempre desagradável, mas acredite, por mais difícil que seja a jornada, existem pessoas que implorariam para viver a sua caminhada.

Troque as palavras "tristeza" e "vingança" por "fé" e "esperança". Agradeça a vida e engula esse choro de criança. As circunstâncias tendem a melhorar quando você começa a enxergar que elas podem, sim, ser diferentes. E essa pequena atitude é o que irá diferenciar você de tanta gente.

Mas o que é que estou fazendo... Não, não engula o choro, solte-o. Deixe escorrer pelo seu rosto todo esse peso que carrega. Você precisa estar leve para poder voar cada vez mais alto. Deixe essa tempestade cinza cair. O céu precisa estar sem nuvens pesadas para se colorir.

Perdoe a minha insensatez. E por mais que seja difícil, vamos seguir repetindo que amanhã vai ser melhor. Outra e outra vez.

AINDA BEM QUE
SEMPRE EXISTEM
OUTROS DIAS,
OUTROS SONHOS,
OUTROS RISOS,
OUTROS ABRAÇOS
E OUTRAS PESSOAS.

## NÃO DEIXE O TEMPO PASSAR

Já estou farto de ver você se perdendo em cada esquina da vida. A felicidade passou beijando a sua boca e pedindo para ficar, mas você não viu. E ainda por cima preferiu focar em uma vida aborrecida que nunca mais floresceu. Quero encontrar você, olhar no fundo dos seus olhos e mostrar que tudo ficará bem. Aliás, aprendi que sempre fica tudo bem.

Eu também carrego uma bagagem mental de sonhos, despedidas, recomeços e expectativas, mas sei que, em meio a essa bagunça que sou, existe uma pessoa simples que ainda sonha em encontrar um novo amor. Que ainda não encontrou, mas que nunca desacreditou.

Talvez eu seja um pouco como você, dando atenção demais pra minha bagunça interior e com a mania de perder tempo com coisas do passado. E essa esperança exacerbada em querer mudar o que já passou apenas faz a minha alma se abarrotar. Não dá, não podemos deixar o tempo passar.

Precisamos travar batalhas contra o que está por vir. E eu não quero mais viver com um coração ultrapassado, pulsando estranhamente em meu peito por não saber — há tempos — o que é o amor. Quero sempre viver novos caminhos e descobrir um novo sabor.

Se esse peso que você carrega no olhar é motivado por erros do passado, acabou. O tempo está passando e levando consigo o melhor que você tem a oferecer. Não quero e não posso deixar você se perder. Segure a minha mão e vamos embora, já está para anoitecer.

E, mesmo com tantos contratempos, vem comigo. Ainda dá tempo.

ADMIRO AS PESSOAS QUE DIZEM "EU NÃO MEREÇO ISSO" E VÃO EMBORA SEM SEQUER OLHAR PARA TRÁS.

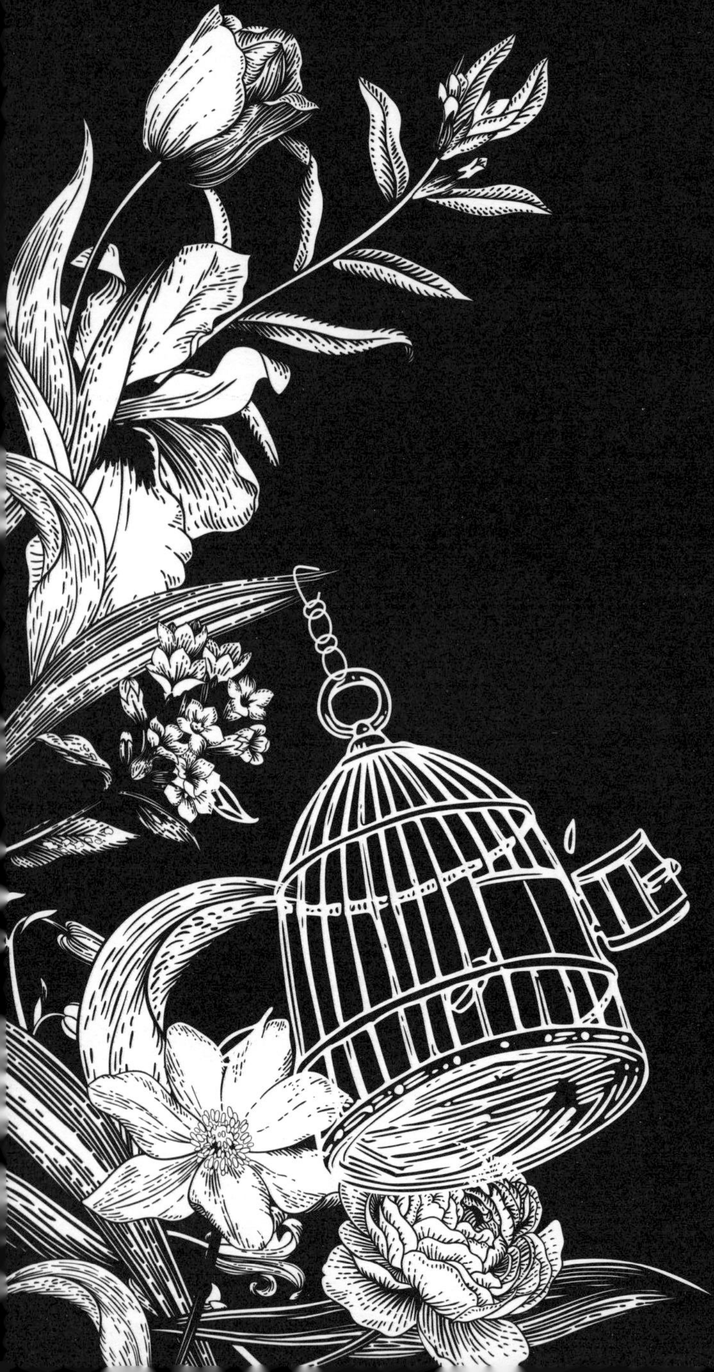

… PARTE SETE

# DOCE LIBERDADE

## NÃO SE SUBESTIME

Antes mesmo de nascer, seus pais já criavam teorias de como você seria incrível. E, desde que nasceu, todas as pessoas que amaram e amam você até então fundaram uma espécie de torcida organizada para sua vida. As expectativas sempre foram altas, mas todos já sabiam que você seria capaz de superá-las. Mas e você? Sabe do que é capaz?

Muitas pessoas acreditam no seu potencial, mas a diferença acontece mesmo quando você acredita em si mesma. Durante sua vida, aparecerão várias pessoas para apoiá-la em momentos pontuais, algumas enquanto você estiver por cima e outras quando cair. Mas sempre repito, sempre: você terá uma plateia de pessoas que estão prontas para apontar o dedo para cada erro seu. Mas elas não contam com a sua força.

Desde cedo você aprendeu a lutar por tudo o que queria. Aprendeu também que o choro lavava a alma, mas encarar a realidade dava à alma a tranquilidade e o sono leve que ela tanto merecia. Aliás, o seu hobby sempre foi realizar sonhos e dormir em paz, bem como calar a boca de cada idiota que pensou que você fosse mais um rosto incapaz.

E a vida é assim: se por aqui eu superestimo você, lá fora a fila de quem a subestima está virando a esquina. Mas hoje o mundo vai saber que você nunca foi só mais uma pessoa fazendo peso na Terra. E se a fila de desacreditados só aumenta, tenho pena, pois vai ser difícil engolir as suas vitórias, igual pimenta.

Respire fundo e solte o grito que seu coração tanto segura. E, quando alguém achar que pode subestimá-la, chegou a hora de mostrar que ninguém consegue pará-la. E eu quero só ver até quando eles irão aguentar. Aceite os convites dos amigos, refaça os laços desfeitos, dance, sinta, viva. Voe. Ou desça até o chão, é você quem decide. Ninguém mais controla você. Você está em liberdade. E esse é o melhor presente que pode receber.

Tome atitudes como quem tem compromisso marcado para viver a vida com intensidade.

Aceite que você merece o mundo.

Aceite que você é incrível.

CUIDE BEM DAQUILO
QUE VOCÊ QUER.
É CARO DEMAIS
PERDER O QUE
NÃO TEM PREÇO.

## PROBLEMAS REAIS

O mundo chora pelo amor em extinção. São inúmeros problemas que parecem não ter solução, mas tenho certeza de que o amor resolveria cada um deles de olhos fechados. Mas, infelizmente, quem ainda possui um pouco de amor o aprisiona, abafado dentro de um peito amedrontado.

Passei a vida inteira com a ideia formada de que temos tantos problemas reais e poucos reais para resolver tantos problemas que, quando tentei descrever o amor em um poema, acabei ganhando apenas um edema.

Temos muitos problemas reais. Mas a real é que estou cansado de sofrer por tanta relação artificial. E me corrói por dentro saber que existem dezenas de pessoas sofrendo por outros que não se importam com seus sentimentos. Quanto sofrimento.

Quero saber até quando vamos ignorar problemas reais só para lidar com os pequenos luxos. O mundo pede amor e empatia. E não uma cabeça fraca e repleta de covardia. Levante a cabeça. A coroa não pode cair. E muito menos essa sua energia gostosa que sempre fez todo mundo sorrir.

Quero contaminar cada sorriso amarelo e cada rosto abatido que pensa estar esquecido. Quero vencer o mal com o bem e curar cada ser desacreditado e entristecido. Quero provar que o mundo ainda pode voltar a ser um lugar mais colorido.

E se me disserem que o mundo está doente, quero ser o remédio pra toda essa gente. E, prazerosamente, vou encher de bondade um coração desconhecido e parar, de uma vez por todas, de ser apenas mais um olhar vazio que passou despercebido.

SE DECEPCIONAR
NUNCA FOI
O FIM DO
MUNDO, MAS,
SIM, A PORTA DE
ENTRADA PARA UM
BELO RECOMEÇO.

## MERECIMENTO

Não me canso de falar que você merece todas as coisas mais estupendas do universo. Mas, vem cá, quando é que você vai acreditar que realmente merece tanto?

Você merece acordar com a sensação de que está exatamente no lugar em que sonhou estar. Merece despertar com seu lindo sorriso estampado no rosto e tomar seu café sem pressa, para depois partir para a rotina que tanto aquece seu coração.

Merece olhar no espelho e sentir a satisfação de quem se tornou sua melhor versão e está feliz com essa realização. Merece olhar para o lado e notar que ali existe uma pessoa que a admira, mas também a apoia. Que a respeita, mas também a deseja loucamente. E isso tudo só confirma o quanto a vida é boa. Absurdamente.

E se você pensou que o amor é cultivado pela escassez de sentimentos ou pela saudade, que maldade... Chegou a hora de mudar essa mentalidade. Você merece um amor leve, sem nenhuma dificuldade, daqueles que o coração vibra sem espasmos de ansiedade.

Para cada situação de dúvida, espero de coração que você note o quanto é importante e, com isso, faça a escolha mais abundante. Sei que às vezes a mente cansa e nós queremos desistir, mas saiba que, apesar das tempestades, quando você se colocar definitivamente como a sua maior prioridade, nenhum tempo ruim conseguirá competir contra você.

Você precisa saber o quanto merece, para que, assim, de uma vez por todas, pare de aceitar o que qualquer pessoa lhe oferece. Contra todas as ciladas da vida, seu merecimento sempre será o maior complemento, portanto, jamais se sabote plantando argumentos sobre o seu não merecimento.

VOCÊ MERECE MAIS.
TODO ESSE CAOS
NEM FOI PRA TANTO...
E NEM VOCÊ ERA
PRA TÃO POUCO.

## NÃO E NÃO

A minha maior dificuldade sempre foi dizer "não" às pessoas. Seja para pegar um folheto qualquer na rua e jogá-lo na lixeira seguinte ou mesmo fazer alguma coisa extremamente contrária ao meu gosto — nesse caso, acredite se quiser, sempre fui o primeiro a confirmar presença. Parecia até que a minha mente possuía algum tipo de crença que, se eu não dissesse sim, contrairia algum tipo de doença e sofreria indiferença.

Essa era a desculpa de que eu me convencia. Besteira. Era apenas covardia.

O que você costuma fazer quando alguém que sempre se importou pouco com você lhe pede um favor totalmente fora do seu escopo? Fala "sim"? Ou dá um toco? Pois é... Eu sempre dizia sim.

E seja por uma consideração nada recíproca ou pelo ego de mostrar-se capaz, sempre me esforcei só pela vontade de ser reconhecido como alguém muito eficaz.

E os meus planos? Sempre esquecidos, ficavam para trás. E com eles, também ficava a minha paz.

Todo dia era uma luta interna. Se de um lado a minha mente estava querendo tomar as rédeas e escrever uma nova história, do outro estava meu coração, louco para fazer papel de trouxa e me deixar com uma má lembrança. Mas uma hora ou outra o limite aparece, e você se rende e acaba por ceder. E finalmente percebe que dizer "não" é a melhor opção que você poderia escolher. Sem se arrepender.

Hoje, contra todos os princípios que estão em meu coração, a resposta é simples: não e não.

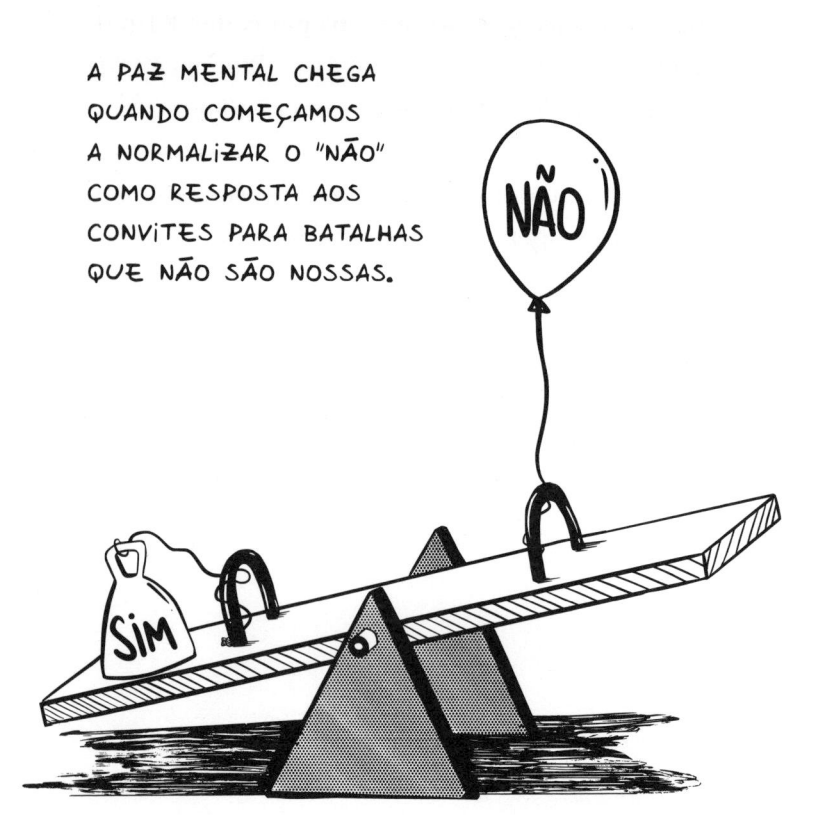

A PAZ MENTAL CHEGA
QUANDO COMEÇAMOS
A NORMALIZAR O "NÃO"
COMO RESPOSTA AOS
CONVITES PARA BATALHAS
QUE NÃO SÃO NOSSAS.

## SOBRE VIVER

Cresci ouvindo a minha mãe dizer: engole o choro, foi só um tropeço. E assim cresci com a formatação mental de que para cada tropeço existe uma oportunidade para um recomeço.

E não importam quantas marcas eu tenha em meu corpo. Ou quantas vezes o meu coração se decepcionou. Sigo recomeçando como quem nunca se esgotou. E nem vai se esgotar.

Se a vida é o seu maior presente, então faça tudo ser diferente e jogue fora a ideia do seu subconsciente de que seu destino foi forjado catastroficamente.

Leve consigo o aprendizado de que a vida nem sempre é só sobreviver. Mas é também sobre viver. Fazer o bem pra depois poder colher. Se encher de aprendizados com o passado e crescer. Nem tudo é uma tragédia quando você passa a bendizer.

Quem já foi escuridão sabe o quão gostoso é ser luz. E não largue essa bênção por nada, pois a vida é muito curta pra focar em tristeza de uma história passada que aconteceu de uma maneira nem um pouco encantada.

Aliás, nada na realidade acontece como em um conto encantado. Mas viver com a certeza do recomeço libertará você daquela sensação terrível de viver acorrentado.

NÃO QUERO ME ILUDIR
SOBRE UM MUNDO ENCANTADO.
QUERO ENFRENTAR O CAOS
DE CORAÇÃO ABERTO,
JAMAIS ACORRENTADO.

## PÉS NO CHÃO

Não estou diferente. Apenas coloquei os pés no chão e parei com a perseguição de gato e rato com o meu próprio coração. Mas não é porque os pés estão no chão que os meus sonhos deixaram de ser do mundo. Ao contrário, me apoiei no chão para aguentar toda a carga vinda ao desenterrar todos os meus planos mais profundos.

Não me darei mais desculpas e muito menos perderei tempo com falsas ilusões. Mas por que é que vou sonhar com tão pouco se posso conseguir milhões?

Ter os pés no chão nunca significou sonhar baixo demais ou com pouco, mas, sim, se planejar de uma maneira estupenda a fim de atingir o sucesso minimizando tanto sufoco.

Nunca foi fácil, mas sempre tive a imensa facilidade de acreditar em mim. Uma vez a tempestade me pegou e foi por muito pouco que não me perdi, mas, dessa vez, me preveni e coloquei no papel cada meta que eu tinha, e nunca mais me escondi. Outras vezes me desestabilizei, mas foi ao tocar os pés no chão que realmente me encontrei.

Não quero limites, muito menos saber até onde posso chegar. Quero poder desbravar a terra e até o alto-mar, sem ninguém para me parar. Ou me desmotivar.

Levo comigo a plena certeza de que é mais valiosa a sensação dos pés no chão e o vento no rosto do que viver desacreditado de um potencial interno, aceitando o pouco e vivendo com desgosto.

CONSTRUÍ
UM CASTELO
EM SILÊNCIO
SÓ PARA NÃO
CHAMAR ATENÇÃO
DAQUELES QUE
QUERIAM VÊ-LO
NO CHÃO.

## SEM AMARRAS

Eu me vi de mãos atadas e olhos vendados. Como é difícil ser julgado simplesmente por não ser o que é esperado. Mais uma vez, decepcionei pessoas que esperavam tanto e apenas receberam desencanto.

Mas está decidido, será assim! Por que colocam tantas expectativas em mim? Não sou nenhum modelo de pessoa perfeita e muitas vezes a minha vida está repleta de falhas. Mas sei muito bem que a ideia de esperar demais de alguém é uma atitude de pessoas amarguradas e bizarras.

A partir de hoje, quero viver sem essas amarras.

Ninguém paga as minhas contas. Muito menos me ajuda quando eu não estou legal. Então, não faz sentido eu dar moral para todo esse controle banal. As amarras caíram, talvez pra eles isso seja radical, mas pra mim foi a escolha mais racional.

Tentaram escolher as minhas roupas e o meu penteado, mas gosto mesmo é de andar de chinelo e com o cabelo bagunçado, como um ritual para espantar o mal-olhado. Sigo assim, com a leveza de agradar apenas a mim. E se alguém estiver infeliz com isso, já vou logo avisando para essas pessoas: azar o seu.

Se eu não tinha os seus modos, agora é que não os terei. Quero suas amarras longe de mim, pois sei que a vida é bem melhor assim. E se você acha que com essa minha rebeldia eu cairei, pode esperar sentado, pois, para a sua alegria, eu é que não contribuirei.

Agora o meu *modus operandi* é outro. Troquei os modos pela minha liberdade. E, cá entre nós, está gostoso demais ser feliz sem esse seu modo e sabendo que tanto lhe incomodo.

SUA MAIOR AMARRA
É O NÓ NA GARGANTA
QUE VOCÊ ENGOLIU
QUANDO ACEITOU VIVER
UMA VIDA QUE
NUNCA FLUIU.

## DEIXA PRA LÁ

Às vezes, eu queria ter uma lâmpada mágica para perguntar qual é o segredo da vida e da felicidade. A saudade bate, mas a indecisão nocauteia. Nessa onda, acabo me afogando mais uma vez em um turbilhão de pensamentos malucos até conseguir enxergar um porto seguro mental que me diz: a vida é assim, mas nem tudo o que você sente e imagina realmente condiz.

O segredo está em encerrar ciclos e nos autoimunizar de todo o caos que tanto sonhamos em abandonar. Respirar fundo, contar até dez e simplesmente ignorar. Ignore as palavras negativas, energias pesadas e filtre da sua vida esse monte de pessoas desnecessárias que você faz questão de ter por perto. Mas ninguém faz questão de não tirar a sua paz.

Não perca tempo com quem está no ponto para atrasá-la. A maldade alheia é como um incêndio que só irá destruí-la, caso você se aproxime demais, portanto, mantenha distância. Para toda situação ruim existe um grau de tolerância, mas aprenda: a vida fica ainda mais gostosa quando começamos a manter distância daquilo que nos faz mal.

Algumas pessoas passam a vida toda lutando e batendo de frente contra diversas maldades, mas nunca enxergaram que a porta de saída sempre esteve aberta e que não precisavam passar por tantas dificuldades.

Quero levar uma vida leve, me cercando de pessoas que exalam a bondade e que trocaram o peso das dificuldades pelo peso de ter um bom coração. E, quando o meu dia começar pelo pé esquerdo, automaticamente quero dar o próximo passo para que tudo flua direito.

Não que eu vá me colocar numa caixinha de porcelana para me blindar de problemas reais, pois com esses sei muito bem como lidar. Mas aprendi que toda futilidade disfarçada de problema profundo posso deixar pra lá e não engolir, já que é apenas mais um veneno do mundo.

NÃO ESPERE TANTO
DOS OUTROS.
NEM TODO MUNDO
APRENDEU A NADAR
EM UM TSUNAMI.

## NADA PODE ME PARAR

Cientista ou astronauta, já pensou o que você quer ser quando crescer?

Sei o que quero! Quero a possibilidade de atingir o impossível.

Joguei para longe do meu caminho todas as pedras que eu mesmo coloquei e agora ninguém pode me parar. Transformei os traumas do passado em combustível para chegar mais longe. E se quiser vir comigo, chega pra cá. Só não me atrasa, tá?

O meu tempo é curto e os check-ins no caminho são quase infinitos. Tenho tanto a fazer e tão pouco com que me preocupar. Estou a apenas um passo do momento em que ninguém mais irá me desacreditar.

Passo dado.

Missão cumprida.

Mas eu quero mais.

Quero ir além do esperado e tenho tanta certeza de que consigo que até o meu sorriso está antecipado.

Vem comigo, você também pode ser o que quiser. Transforme-se na sua melhor versão e veja o mundo com outros olhos. Posso dar a você as mesmas garantias que tive: sucesso e admiração.

Já pensou em viver uma vida inteira de admiração própria? Olhar no espelho e sorrir? Pois bem, isso é possível. Quando passa a acreditar em si, nada mais é impossível.

O mundo está esperando você de braços abertos. E eu também estou. Quero me cercar de pessoas boas para que, assim, o caminho fique ainda mais vitorioso e divertido. Chegou o momento de pararmos de sonhar com o que poderia ter sido e passarmos a viver um incansável sucesso desmedido.

Estou esperando você para encararmos o desconhecido. Quando é que você vai sair dessa gaiola e vir comigo?

Eu espero, de coração, que seja agora.

VOCÊ MERECE ACORDAR
SABENDO EXATAMENTE
AONDE QUER CHEGAR.
E NÃO PERMANECER
ONDE TE CONFORMA.

# FELIPE ROCHA

Seu primeiro contato com a escrita foi por meio do exercício da empatia, criando textos para curar as dores e aliviar os sentimentos de outras pessoas. Em seu primeiro livro, *Todas as flores que não te enviei*, o autor escreve sobre diversos sentimentos, sendo eles positivos ou não. Já em *Nem todo amor tem um final feliz. E tá tudo bem.*, entendemos como os sentimentos são mutáveis e podem, da noite para o dia, florescer ou desaparecer. Já neste terceiro livro, Felipe separa o joio do trigo para libertar o que sufoca e intoxica nosso coração, apostando em pequenos textos que são tão certeiros quanto suas frases.

Siga o @tipobilhete nas redes sociais:

(f) TipoBilhete
(◎) @TipoBilhete

**Primeira edição** (julho/2021) • Terceira reimpressão
**Papel de miolo** Ivory slim 65g
**Tipografia** Alice e Felipe Rocha
**Gráfica** Santa Marta